위기의 여론조사

위기의 여론조사

신창운 지음

리북

※ 이 책은 한국언론재단의 지원을 받아 출판되었습니다.

'정밀 저널리즘'에 역행하는 여론조사

연예인들의 군 생활 리얼리티 프로 '진짜 사나이'가 대박을 치고 있습니다. 군 생활을 거친 남자들뿐 아니라 애인이나 자녀를 군에 보낸 여성들까지 열광하고 있답니다. 군인이 그리고 군대가 국민들의 관심과 사랑을 받고 있다는 건 어쨌든 좋은 일입니다. 문제는 그것이 리얼리티 프로임을 내세우고 있지만, 실제론 리얼리티가 아니라는데 있습니다. 외국 출신이거나 성격이 자유분방하거나 혹은 체력이 딸려 군 생활에 잘 적응하지 못하는 트러블 메이커들의 활약상과 매번 그를 따뜻하게 감싸 안는 주변의 화해가 존재하는 예능 프로그램이라는 겁니다. 진짜 군에서라면 그런 상황에서 왕따, 가혹행위, 자살, 총격전과 사망 등이 일어난다는 걸 우리들은 익히 알고 있습니다.

본래의 모습과 실제가 상이한 건 최근의 여론조사가 꼭 그렇습니다. (선거)여론조사는 1970년대 초반 필립 메이어(Philip Meyer)

5

에게서 처음 비롯돼 현대 저널리즘의 주요 흐름 중 하나가 된 정밀 저널리즘(Precision Journalism)의 전형적 상징입니다. 서울대 이준웅 교수가 적절히 언급했듯이 "언론이 여론조사 결과를 인용하는 것, 더 나아가 여론조사를 후원하거나 직접 수행하는 것은 '객관적 조사'와 '불편부당한 보도'를 목적으로 하는 언론의 임무를 더 잘 수행하기 위함"이며, "여론조사 결과를 보도함으로써 선거에 임박한 유권자에게 후보에 대한 평가와 후보 지지도 등에 대한 정보를 객관적으로 제공할 수 있고, 결국 유권자의 식견있는 선택(Informed Decision-Making)을 도울 수 있다"는 가정에 근거하고 있습니다.

'진짜 사나이'와 여론조사

그러나 그런 가정이 무참히 짓밟히고 있습니다. 여론조사가 홍보 수단으로 전락한 것은 이미 오래 전의 일입니다. 착신 전환 등의 방식을 통해 여론조사를 통한 여론 조작은 상식이 된 지 오래입니다. 선거 때만 그런 것도 아니고요. 정치권은 말할 것이 없고 정부 부처 및 공기업, 대기업 등이 의뢰하는 여론조사도 마찬가지입니다. 비싼 돈 들여 자신에게 이롭지 않은 일을 할 멍청이가 어디 있겠습니까. 이들과 긴밀히 연계되어 있는 언론은 말할 것도 없겠죠. 정밀 저널리즘이라는 미명 하에 여론조사 본래 모습과 동떨어진 '막장 예능'으로 전락하고 있습니다. 누가, 어떤 방법으로 했든… 기사만 된다면 또 자신의 이해에 봉사할 수만 있다면 어떤 여론조사든 오케이입니다. 조사결과 수치 보도가 정밀 저널리즘은 아닐 텐데 말입니다.

중앙일보 여론조사 전문기자로 일을 시작한 것은 지금으로부터 11년 전, 즉 2003년 9월부터였습니다. 그러나 '정밀 저널리즘'에 대한 관심은 이보다 훨씬 이전, 즉 한국갤럽에서 여론조사를 처음 접했던 1988년 겨울부터였습니다. 주지하다시피 1987년 대통령 선거는 여론조사에 대한, 나아가 여론조사 보도에 대한, 결국 정밀 저널리즘에 대한 관심이 폭발적으로 늘어난 계기가 되었습니다. 여론조사 수치를 통해 한국의 정치를 비롯한 사회 전반의 변화와 발전에 기여할 수 있다는 사실에 나름의 자부심을 가졌던 기억이 새롭습니다. 그런 기대가 무너지는데 오랜 시간이 걸리지 않았습니다만… 이 책은 중앙일보 여론조사 전문기자로 근무하면서 정밀 저널리즘 구현을 위해 나름 애쓰는 과정과 좌절을 함께 그리고 있습니다. 돌이켜보면 마치 우물에서 숭늉을 구하는 격이었지만 말입니다.

그럼에도 불구하고 한국에서의 정밀 저널리즘 위기 혹은 종말이란 저의 결론이 자칫 성급하고 무책임할 수 있음을 솔직히 고백합니다. 심도 있는 논의와 엄밀한 검토 과정을 거쳐 정교하게 형성된 것이 아니기 때문입니다. 언론 현장에서 산발적으로 경험했던 일들을 사례 중심으로 고백하고 또 비판함으로써 적어도 한국 언론에 있어서 정밀 저널리즘 구현의 실체를 파악하는데 조금이나마 도움이 되었으면 하는 기대를 가지고 있습니다. 혹시나 하는 노파심에서 한 가지만 말씀드리면, 이 책에 포함된 글들이 (본문을 읽어보면 알 수 있듯이) 중앙일보를 대상으로 한 것이 아니라 신문·방송을 포함한 전체 언론과 조사기관을 대상으로 한 것이란 점을 분명히 밝힙니다.

신창운 전문기자의 '여론다움'

수록된 글들 대부분은 '신창운 전문기자의 여론다움'이란 블로그에서 뽑은 것입니다. 한국의 여론조사와 그 보도에 대한 비판적 인식 3부작 중 마지막에 해당됩니다. 고만고만하고 엇비슷한 내용을 굳이 이렇게 구분한 것이 쑥스럽지만, 다음 두 가지 이유 때문입니다. 첫째, 여론조사 전문기자로 일한 11년 세월이 통째로 하나가 아니라 나름 세 단계로 나눌 수 있다고 생각했습니다. 약간의 억지가 없는 건 아니지만 말입니다. 둘째, 세 단계별로 조금씩 앞으로 나아가고 있고 동시에 좀 더 깊이 파헤치고자 노력했다는 점을 감안했습니다.

첫 번째 책 〈여론을 읽어야 승리한다〉(중앙북스, 2007)는 2003년 9월부터 2007년까지 쓴 글을 모은 것입니다. 중앙일보 여론조사 전문기자로 일을 시작하면서 초기 4년 동안의 좌충우돌 모색 시기에 썼던 글입니다. 이 때만해도 정밀 저널리즘 구현을 위해 열심히 일해야 한다는 사명감이 충만했던 거 같습니다. 또한 저보다 앞서 일했던 전임자 두 명과 차별화되면서 나름의 제 스타일을 구축하기 위한 노력과 치열함이 담겨져 있습니다.

두 번째 책 〈여론조사 저널리즘〉(리북, 2010)은 2007년부터 2010년까지 본격적으로 제 목소리와 주장을 담고자 시도했던 시기였습니다. 여론조사 보도에 대한 이해와 오해를 엄밀히 구분했으며, 여론조사도 중요하지만 여론, 즉 조사결과를 보도 전달하는 매체가 더 중요하다는 인식을 가졌던 시기였습니다. 여론조사 보도에 대한 비평, 즉 허와 실을 본격적으로 파헤치는 과정에서 때론 회사와 부딪히기도 했고 타사 혹은 조사기관과 갈등을 빚기도 했습니다.

이번에 발간하게 된 세 번째 책은 2010년 이후 2014년까지의 고민과 좌절, 나름의 해결방안 모색 과정을 담았습니다. 필자 개인의 한계와 능력 부족을 절감하는 시기였습니다. 특히 여론조사 결과가 언론이 원하는 흥미롭고 즉각적인 관심을 이끌어내지 못하는 점에 대해서 말입니다. 정치권과 정부의 무관심과 역할 미흡, 여론조사 업계와 학계에 대한 기대 상실 등 여론조사와 관련한 총체적 부실로 인해 절망감이 쌓여가던 시기이기도 했습니다. 또한 적어도 여론조사 측면에서 언론의 객관성 추구와 불편부당한 보도가 과연 얼마나 혹은 어떻게 가능할 것인가도 고민거리였습니다.

희망을 찾아서

적어도 후배들에겐 희망의 지푸라기라도 남겨 두고 싶었습니다. 한국 여론조사의 미래와 희망을 향해 나아가는 그들에게 다소나마 도움이 될 수 있는 내용을 담고자 했습니다. 비록 이미 지나간 선거의 여론조사 관련 내용을 주로 다루고 있지만, 4~5년 간격으로 큰 선거가 실시되고 있기 때문에 다음 선거에서 활용될 수 있다는 점을 위안으로 삼고자 했습니다.

이 책은 7개 부분으로 나누어져 있지만, 크게 전반부와 후반부로 구분할 수 있습니다. 전반부 3개 장에선 막장으로 치닫고 있는 여론조사의 맨얼굴을 소개하고 있고, 여론조사가 정확하다는 환상에서 벗어나야 한다는 점을 강조하고 있으며, 여론조사 그 자체보다 보도가 더 문제라는 점을 지적하고 있습니다. 후반부 3개 장에선 우선 집전화+휴대전화 조사방식을 점검하고 있고, 보다 신뢰할 수 있는 여론조사로의 새로운 출발에 기여할 수 있는 총론적 논의와 개별 방법론적 검토에 지면을 할애했습니다. 그리고 마지막 보론에선 2014년 6·4 지방선거를 앞두고 실시된 관훈클럽 주최 '지방선거 여론조사 이대로 좋은가'라는 제목의 방담을 소개하고 있습니다.

2003년부터 2014년까지의 중앙일보 여론조사 전문기자 11년에 대해 기꺼이 관심을 가져 주시고 또 격려해 주신 모든 분들께 이 부족한 책을 바칩니다. 관훈클럽 방담 내용의 전재를 허락해 주신 관훈저널 관계자와 책의 출간을 지원해 준 한국언론재단에 감사드립니다. 끝으로 어려운 여건 속에서도 선뜻 다시 출판을 맡아 주신 리북 이재호 사장에게 고개 숙여 감사를 드립니다.

2014년 10월

신 창 운

■ 목차

서론: '정밀 저널리즘'에 역행하는 여론조사

제1장 막장으로 치닫는 여론조사

제2장 '정확한 여론조사' 환상 벗어나야

제1장

막장으로 치닫는 여론조사

얼마나 큰 진실을 숨기고 있기에

풀리처상을 수상한 적이 있는 뉴욕타임스의 탐사보도 전문기자 마이클 모스(Michael Moss)가 쓴 〈배신의 식탁(Salt, Sugar, Fat: How the Food Giants Hooked Us)〉이란 책을 읽었습니다. 지금으로부터 약 15년 전 미국의 세계적인 가공식품업체 대표들이 비밀리에 모였답니다. 소금과 설탕으로 버무려진 자사의 가공식품이 당뇨, 심장질환, 암 등 국가적인 건강 위기와 무관하지 않음을 스스로 인정하는 자리였다는군요. 모스는 자신의 책에서 이 모임에 대해 다음과 같이 촌평하고 있습니다. "도대체 얼마나 어마어마한 진실을 숨기고 있기에 이 정도쯤은 순순히 인정한 것일까."

갑자기 무슨 뚱딴지같은 소리냐고요. 최근 이름만 대면 알 수 있는 여론조사기관 대표가 데이터 처리 실수로 자사의 공개된 조사결과표 수치에 말도 안 되는 오류가 있음을 시인하고 이를 수정해 재공개한 적이 있습니다. 그것도 스스로 발견한 것이 아니라 필자가 지적하자 마지못해 수정했습니다. '마지못해'란 표현을 사용한 것은 오류 확인을 차일피일 미루었고, 그래서 필자가 조사를 의뢰한 언론사에 이 사실을 통보하자 그때서야 오류를 수정했기 때문입니다.

새삼 우리나라 여론조사기관은 "도대체 얼마나 큰 진실을 숨기고 있을까"란 생각을 했습니다. 미미한 실수나 오류 하나를 놓고 너무 오버하는 거 아니냐고요. 그렇게 볼 수도 있지만, 그렇지 않은 사례가 한둘이 아닙니다.

'배신의 여론: 돈과 권력'

주지하다시피 지방선거나 국회의원 선거 때 출마를 앞둔 예비후보들이 제각기 자신이 1위로 나온 여론조사 결과를 하나둘씩 가지고 있는 것은 전혀 이상한 일이 아닙니다. 어떤 곳에서 한 것이냐고 물어보면, 10년 동안 여론조사 전문기자로 일해 온 필자가 처음 듣는 조사기관 이름을 대는 경우가 흔하고, 선거 때마다 검찰 조사를 받아왔던 조사기관 이름까지 나옵니다. 생면부지의 조사기관은 선거 때 잠시 문을 열었다가 끝나면 없어지니까 선거법을 지킬 필요가 없습니다.

그 뿐이 아닙니다. 당내 공천을 앞둔 후보들은 신규 전화 대량 개설, 부재 중 착신전환 등 전화여론조사에 따른 대응방법을 다들 공유하고 있습니다. 그래서 특히 정치권에 새로 진입해 이런 생리를 잘 모르거나 조직을 갖추지 못한 신진 후보들은 여론조사를

통한 경선이나 공천에 적극적으로 반대하고 있습니다. 일부 여론
조사기관이 이들을 상대로 은밀하게 호객 행위를 하고 있다는 건
공공연한 얘기입니다. 결국 여론조사를 통한 여론조작이 흔히 이
루어지고 있다는 겁니다.

최근 지방대 모 교수에게 들은 얘기도 충격적입니다. 메이저
여론조사업체에서 나온 면접원이 자신에게 매트릭스형 20여개
질문 중 모두 응답하지 말고 미리 표시한 두세 개 질문에만 답하라
고 하더랍니다. 그럼 나머지 문항은 어떻게 할까요. 예, 그렇습니
다. 나중에 면접원 자신이 메우겠다는 거죠. 그 교수는 대한민국
여론조사에 대한 걱정을 털어놓으면서 자신이 자료를 제공할 테니
기사화할 수 있는 방법이 없겠느냐고 묻더군요.

60대(50%)보다 40대(60%)에서 새누리당 후보 지지율이 더 높다?

필자 역시 여론조작을 의심할 수밖에 없는 자료를 몇 개 가지고
있습니다. 그 중 하나는 명색이 대권을 꿈꾸는 인물이 지역구 국회
의원에 출마했을 때 이루어진 여론조사 관련 자료입니다. 전혀
상식에 맞지 않은 연령대별 지지율(가령, 새누리당 후보의 연령별 지지율
이 20대 39%, 30대 34%, 40대 60%, 50대 49%, 60대 이상 50%)을 만들어
제공함으로써 여론을 왜곡 호도한 해당 조사기관은 지방선거를
앞둔 지금도 성업 중입니다. 50~60대보다 40대 유권자가 새누리
당 후보를 더 높게 지지하는 경우를 어떻게 믿을 수 있을까요.
해당 여론조사는 현역 공천 배제를 염려한 국회의원에게 (당선 가능

성이 높다는) 면죄부를 제공하기 위한 것이었습니다.

이런 자료들을 기본으로 하고 약간의 취재를 추가하면 언젠가 뉴욕타임스 기자가 쓴 것과 비슷한 책 한 권쯤 쓸 수 있겠죠. 책 제목으로 〈배신의 여론: 돈과 권력〉이 어떨까요.

_ 2014. 3. 2

무엇이든 물어보고 생각 없이 보도하고

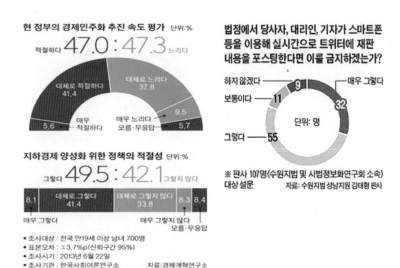

현 정부의 경제민주화 추진 속도 평가 단위:%

적절하다 47.0 : 47.3 느리다

대체로 적절하다 41.4
대체로 느리다 37.8
매우 적절하다 5.6
매우 느리다 9.5
모름·무응답 5.7

지하경제 양성화 위한 정책의 적절성 단위:%

그렇다 49.5 : 42.1 그렇지 않다

매우 그렇다 8.1
대체로 그렇다 41.4
대체로 그렇지 않다 33.8
8.3
매우 그렇지 않다 8.4
모름·무응답

• 조사대상 : 전국 만19세 이상 남녀 700명
• 표본오차 : ±3.7%p(신뢰구간 95%)
• 조사시기 : 2013년 6월 22일
• 조사기관 : 한국사회여론연구소   자료:경제개혁연구소

법정에서 당사자, 대리인, 기자가 스마트폰 등을 이용해 실시간으로 트위터에 재판 내용을 포스팅한다면 이를 금지하겠는가?

하지 않겠다 9 — 매우 그렇다
보통이다 11   32
단위: 명
그렇다 55

※ 판사 107명(수원지법 및 사법정보화연구회 소속) 대상 설문
자료: 수원지법 성남지원 김태형 판사

2013년 7월 9일자 중앙일보 26면과 조선일보 11면에 각각 실린 그래픽입니다. 앞의 것은 경제개혁연구소가 한국사회여론연구소(KSOI)에 의뢰해 발표한 '경제정책에 대한 국민인식 조사보고서'

내용 중 일부입니다. 그리고 뒤의 것은 (그래픽에 나와 있듯이) 수원지법 성남지원 김태형 판사가 제공했는데, 수원지법 및 사법정보화연구회 소속 판사 107명을 대상으로 설문한 결과랍니다.

여론조사로 무엇이든 물어볼 수 있다는 생각인 듯합니다. "현 정부가 추진하는 경제민주화 정책 추진의 속도에 대해 어떻게 생각하십니까", "지하경제 양성화를 위한 정부의 정책이 적절한 방법으로 이행되고 있다고 생각하십니까"라고 물었습니다. 조사를 의뢰한 연구소나 그것을 수행한 연구소나 똑같습니다. 어떻게 이런 질문이 가능하다고 생각했는지 어처구니가 없습니다.

아시다시피 경제민주화에 대해선 여전히 개념이 불투명합니다. 주변의 지인들이 이해하고 있는 개념도 제각각 조금씩 다르고요. 그런데 일반 국민들이 경제민주화를 얼마나 알고 있고 또 이해하고 있겠습니까. 게다가 추진 속도는 어떻게 평가하란 얘기인가요. 추진 속도가 '적절하다'는 응답과 대칭 개념이 '느리다'가 맞습니까. 지하경제 양성화 질문은 또 어떻습니까. 과연 양성화를 위한 정부 정책을 알고 있는 국민이 얼마나 될까요. 전혀 알지 못하는 정책이 적절한 방법으로 이행되고 있느냐고 묻고 있는데, 도대체 무엇을 어떻게 해야 적절하다는 겁니까.

좀 더 과격한 질문으로 반대 여론 유도

법원 내부에서 방송으로 재판을 공개하는데 대한 논의가 '일부 판사를 중심으로' 시작됐다고 합니다. 그런데 질문은 한 걸음 더 나아가고 있습니다. 좀 더 과격하게 말이죠. "법정에서 당사자, 대리인, 기자가 스마트폰 등을 이용해 실시간으로 트위터에 재판 내용을 포스팅한다면 이를 금지하겠는가." 즉, 의도적인 건 아니겠지만… 좀 더 과격한 설문('스마트폰과 트위터 등 SNS를 통한 공개')을 통해 현재의 논의('방송을 통한 공개')를 잠재우겠다는 고전적 '수법'이 의심됩니다. 방송도 곤란한데, 스마트폰이나 SNS를 허용할 현직 판사가 얼마나 되겠습니까. 107명 중 87명이 '금지' 쪽입니다. '허용'은 9명에 불과하고요. 결국 전혀 물어볼 필요가 없는 지극히 당연한 질문을 한 셈입니다.

응답자가 알든 모르든 상관없이 무엇이든 물어보겠다는 '근거 없는' 자신감도 문제지만, 그런 조사결과를 아무 생각 없이 보도하는 것은 더 문제입니다. 옥석을 가려 보도하더라도 형편없는 여론조사를 추방하기가 쉽지 않은 상황인데 말입니다. 그렇지 않아도 날씨가 꿀꿀한데… 아무 생각 없는 여론조사 보도가 짜증을 더해주고 있습니다.

_ 2013. 7. 9

||||||
'튀는' 여론조사의 불편한 진실

　본격적으로 시즌에 접어든 것 같습니다. 대선 여론조사가 판을 치는 그런 세상 말입니다. 대선 정치판을 읽어주는 몇몇 정치평론가들도 상한가랍니다. 조만간 민주당 후보가 결정되고, 이어서 안철수 서울대 융합과학기술대학원장이 출마에 대한 입장을 밝힌다고 했으니… 어쩌면 당연한 현상이겠죠. 그러나 아무리 그렇다고 하더라도 '함부로' 조사를 실시하고 '아무렇게나' 보도하는 것은 곤란하지 않겠습니까. '튀는' 여론조사를 합리화하거나 따라잡기에 바쁜 일부 정치평론가들도 그렇고요.

　가령, 다음과 같은 여론조사와 보도가 있었습니다. 수도권, 그것도 서울에서 새누리당 박근혜 후보가 안 원장에게 10%포인트가량 앞섰다는 결과가 있더군요. '안철수 대선 불출마 종용' 논란이 안 원장보다 박 후보에게 오히려 유리하게 작용했다는 기사가 있었습니다. 또 야권 후보 단일화 지지율에서 민주당 문재인 후보가 (오차범위 내에서) 안 원장을 앞섰다는 조사도 있더군요.

아시다시피 전문가들 사이에서 서울은 야권 후보가 여당 후보에게 최소 5~10%포인트 가량 앞서고 있거나 앞설 것으로 분석 혹은 전망되고 있습니다. 역대 대선은 물론 2010년 지방선거, 2011년 서울시장 보궐선거 자료를 기반으로 말입니다. 또 이 비율 언저리에서 대선 승패가 갈릴 것으로 보고 있습니다. 최근 실시된 각종 대선 여론조사의 양자 대결에서도 서울에선 박 후보가 안 원장을 좀처럼 앞서지 못했습니다. 그런데 어떻게 하루아침에 박 후보가 서울에서 안 원장을 10%포인트 앞설 수 있단 말입니까.

개인끼리의 사적 대화가 과장됐다고 하더라도 뇌물과 여자 문제로 위협하면서 안 원장의 대선 불출마를 종용했다는데⋯ 어떻게 그것이 역으로 안 원장에게 불리하게 작용할 수 있을까요. 안 원장에게 불리하지 않았다는 사실이 수많은 여론조사 결과를 통해 입증되지 않았습니까. 해당 언론사와 조사기관의 질문을 한 번 살펴보십시오. '사적 대화 과장' 대 '명백한 협박'이란 표현 말입니다. 안 원장에게 불리하다고 나온 결과는 '박근혜 후보 측'의 '명백한' 협박이란 강한 표현을 사용해 해당 항목이 덜 선택되도록 하는 '미필적 고의'가 의심됩니다.

제 얘기만 하면 억지라고 하시겠죠. 다음 글은 해당 언론사 대선 보도 검증위원회가 10일 개최한 회의 때 어떤 위원이 하신 말씀입니다. "10일자 A1면 여론조사 기사에서 금 변호사의 폭로가 '安 측 과장 43%' '與의 협박 34%'라고 보도했다. 이걸 보면 국민 대다수가 안 원장 측이 잘못한 것으로 생각하는 것처럼 보이는데,

다른 언론의 여론조사들과 상반된 결과다. 설문 문항에서 '박근혜 후보 측의 명백한 협박으로 잘못된 것으로 본다'며 '명백한'이라는 표현을 쓴 것은 문제다. 설문 자체가 국민의 정확한 의사를 파악하는 데 실패한 것 아닌가".

'文(문)이 역전' 여론조사 나온 날… 안철수 "곧 입장 발표". 오늘 아침 모 신문이 뽑아낸 기사 제목입니다. 민주당 관계자의 말을 인용해 "안 원장이 최근 자신에 대한 검증이 본격화되면서 일부 여론조사에서 문 후보와의 격차가 크게 좁혀지고, 급기야 역전 당했다는 조사결과까지 나오자 자신의 존재감을 드러내기 위해 입장 발표를 예고한 것 아니냐"고 했답니다. 멍청한 건지 아니면 미끼를 던진 건지… 하여튼 '그 나물에 그 밥'이란 생각이 드는군요.

여론조사도 문제지만… 보도가 더 문제

여론조사를 직접 실시하고 또 보도하는 입장에서 다른 조사기관이나 언론사가 실시한 조사결과에 대해 얘기하는 것이 조심스럽습니다. 심지어 적절치 않을 수도 있습니다. "그럼, 조작했다는 거냐. 조사결과가 그렇게 나왔는데… 어쩌란 말이냐"고 하면 할 말이 없기 때문이죠. 그래서 더 이상의 자세한 논의나 언급은 생략하겠습니다.

본인이 실시한 조사결과에 대해 누구나 자부심을 가질 것입니다. 어떤 조사보다 더 정확하다는 믿음이 있을 테고요. 그러나 최소한 자신들이 이미 실시했던 과거 조사결과와 일관된 것인지 살펴봐야 하지 않겠습니까. 일반의 상식에 부합하는지 혹은 반하는지도 검토돼야 하고요. 비슷한 시기에 실시된 다른 조사결과와의 비교를 통해 어떤 유사점과 차이점이 있는지 이해하는 것도 필요하겠죠. 여론조사 보도 역시 마찬가지 아니겠습니까. 어쩌면 더욱 더 확인하고 또 확인해야 할 텐데 말입니다.

_ 2012. 9. 12

||||||
응답률, 이보다 더 낮을 수 없다

　제가 한국갤럽에 근무하던 20여 년 전만 하더라도 여론조사 결과에 대한 믿음이 대단했습니다. 당시 "한국갤럽 여론조사에 의하면…"이란 표현은 신뢰 그 자체였습니다. 좀 과장해서 말씀드리면, 시중의 막연한 추측이나 개개인의 주장들을 하나의 수치로 한 방에 평정하는 역할을 했습니다.

　그러나 이젠 흘러간 옛 얘기입니다. 더 이상 예전의 여론조사가 아닙니다. 여론조사 결과를 곧이곧대로 믿는 사람들이 거의 없습니다. 10%에 미치지 못하는 응답률은 여론조사에 대한 신뢰도를 상징하는 그 자체입니다. 이처럼 낮은 응답률과 여론조사의 대표성·신뢰성 문제가 하나의 고리로 연결돼 악순환을 거듭하고 있습니다. 응답자 접촉을 통해 협조한 사람과 그렇지 못한 사람 간에 의견 차이가 있을 텐데… 90%에 달하는 여론조사 비(非)응답자가 어떻게 여론조사를 믿을 수 있겠습니까.

우리만 그런 게 아닌가 봅니다. 여론조사 선진국이라고 할 수 있는 미국에서도 조사 대상자 접촉률(Contact rate), 협조율(Cooperation rate), 응답률(Response rate) 등이 크게 줄어들고 있답니다. 아래 자료는 퓨리서치센터(The Pew Research Center for the People & the Press)가 2012년에 발표한 자료 중 일부입니다. 가령, 1997년 36%였던 응답률이 지속적인 하락을 거듭해 2012년 9%로 떨어졌더군요.

Surveys Face Growing Difficulty Reaching, Persuading Potential Respondents

	1997 %	2000 %	2003 %	2006 %	2009 %	2012 %
Contact rate (percent of households in which an adult was reached)	90	77	79	73	72	62
Cooperation rate (percent of households contacted that yielded an interview)	43	40	34	31	21	14
Response rate (percent of households sampled that yielded an interview)	36	28	25	21	15	9

PEW RESEARCH CENTER 2012 Methodology Study. Rates computed according to American Association for Public Opinion Research (AAPOR) standard definitions for CON2, COOP3 and RR3. Rates are typical for surveys conducted in each year.

식탁에서 음식 얘기할 게 아니라 주방에 들어가 봐야

80년대 초반만 하더라도 '가정 방문에 의한 개별 면접조사'가 대세였습니다. 저 역시 여름방학 때 아르바이트 면접원으로 지리산 근처를 오르내린 경험이 있습니다. 주소에 나와 있는 조사대상 가구를 일일이 찾아가 면접을 해야 했거든요. 그러나 아파트 거주자가 늘어나고 개인의 프라이버시가 중시되면서, 또 전화보급률이 크게 높아지면서 곧 전화 여론조사가 대세로 자리 잡았습니다.

비용 대비 효율성 측면에서도 가정 방문 개별 면접이 전화 여론조사를 따라잡을 수 없었죠.

다시 세월이 흘렀습니다. 집전화 여론조사의 효력이 떨어지고 있습니다. 집전화 자체가 줄었을 뿐 아니라 등록 가구도 줄었습니다. 낮 시간은 물론 이른 저녁에도 집에 있는 사람들이 많지 않습니다. 이보다 더 낮아질 수 없는 접촉률, 협조율, 응답률이 여론조사의 대표성과 관련된 열악한 환경을 여실히 증명하고 있습니다. 휴대전화 혹은 휴대전화 결합 방식은 이제 더 이상 선택이 아닌 필수가 됐습니다.

말이 나온 김에 실사(實査, Fieldwork) 얘기를 곁들여야 하겠군요. 접촉률, 협조율, 응답률 등과 밀접한 관계가 있기 때문이죠. 일전에 어떤 조사기관 대표가 그러더군요. "식탁에 앉아서 음식 얘기만 할 게 아니라 (더 늦기 전에) 주방에서 무슨 일이 벌어지고 있는지 살펴봐야 한다"고요. 음식이 여론조사 결과라면, 주방은 그것이 만들어지고 있는 실사 파트, 즉 여론조사 과정에 해당합니다.

가령, 현재보다 조사시간을 더 늘려야 한다는 얘기가 진작부터 나왔는데… 여전히 개선되지 않고 있습니다. 접촉이 어려운 응답자에 대한 추가 혹은 재접촉을 늘려야 합니다. 응답자에 대한 보상이 강화돼야 하고, 면접원에 대한 교육과 숙련도 향상 그리고 수당을 올리는 것도 필요합니다. 이렇게 적고 보니… 모두 돈이 들어가야 가능한 것이네요. 그러나 지금 당장 주방에 들어가 보는 것과 주방에서 일하는 사람들의 얘기를 듣는 것은 전혀 돈이 들어가지 않겠죠.

_ 2012. 5. 24

∎∎∎∎∎
공천용 여론조사의 납득할 수 없는 지지율

몇몇 중앙 일간지와 지방 언론사들이 총선 지역구 여론조사를 실시 발표했습니다. 생소한 이름을 가진 조사기관이 발표한 여론조사도 적지 않습니다. 그 중에선 출마한 후보가 의뢰한 경우도 있고요. 본선보다 공천이라는 예선에서 우선 활용하고 싶다는 얘기입니다. 자신의 경쟁력을 입증해 공천 심사에서 유리한 평가를 받겠다는 거죠. 그러다보니 동일 지역 예비 후보들이 서로 자기가 우세한 여론조사 결과를 갖고 있는… 어처구니없는 일이 벌어지곤 합니다. 그런 여론조사를 둘러싼 예비 후보자 간 공방은 말할 것도 없고요.

그 중 상식적으로 도저히 납득하기 힘든 조사결과를 하나 소개하고자 합니다. 서울 지역구 중 한 곳을 대상으로 한 여론조사입니다. (의심스런 정황이 한둘이 아니지만) 잘못된 결과라고 장담할 수 있는 명확한 근거가 없기 때문에 어떤 언론사와 조사기관이 언제 어떤 방법으로 조사했는지 밝힐 수 없음을 양해해 주시기 바랍니다.

수도권, 그 중에서도 서울의 경우는 거의 모든 지역에서 새누리당과 민주통합당 후보가 경쟁하는 구도입니다. 지금까지 실시된 대다수 여론조사에서 확인할 수 있듯이 개별 후보와 무관한 정당 지지율은 민주통합당이 다소 우세한 편이고요. 전통적 우세지역으로 분류됐던 강남 3구, 즉 강남·서초·송파마저 새누리당에 대한 여론이 예전 같지 않다는 평가가 나오고 있습니다.

유권자의 연령별로도 지지 성향이 뚜렷이 구분되고 있습니다. 즉, 50대 이상에선 새누리당이 앞서고 있지만, 20~30대는 민주통합당이 상당히 앞서고 있습니다. 지난 18대 총선 등 과거 선거에서 캐스팅보트 혹은 변수 역할을 해왔던 40대 역시 최근엔 야당쪽으로 확연하게 기울고 있습니다. 거의 모든 서울 지역구에서 말입니다. 심지어 몇몇 지역에선 40대가 20~30대보다 더 야당쪽 지지 성향을 보여주고 있기도 하고요.

40대 유권자의 60%가 새누리당, 19%가 민주통합당 지지하는 서울 지역구가 있을까요, 있다면 어디일까요

그런데 제가 입수한 서울의 특정 지역구 여론조사에선 깜짝 놀랄 만한 결과가 나왔습니다. 전체 유권자의 후보 및 정당 지지율도 의심스러웠지만, 40대 유권자 중 60%가 새누리당 후보를, 19%가 민주통합당 후보를 지지한다는… 도저히 납득하기 힘든 조사결과가 포함되어 있더군요. 표본이 적어서 연령별 지지율에 의미를 부여하기 어렵다는 점은 이해합니다만, 도대체 이런 조사결과를 어떻게 이해하고 또 받아들여야 할 지 그저 답답할 뿐입니다. 과연 지식이나 경험 부족 때문에 조사를 잘못 수행한 것일까요, 아니면…

여론조사를 직접 수행하는 당사자로서, 또 그것을 보도하는 입장에서 조사기관과 언론에 대해 함부로 얘기할 수 없습니다. 자칫 "너나 잘 하세요"란 비아냥을 듣기 십상이기 때문이죠. 그럼에도 불구하고 위의 지역구 여론조사 수행기관이 내놓는 결과와 이를 보도한 언론사의 행태는 계속 주목 관찰할 생각입니다. 해당 지역구의 공천 결과와 이어질 여론조사 결과, 최종 투표결과에 대해서도 관심을 갖고 지켜보겠습니다. 필요하면 제 블로그를 통해 다시 소개하겠습니다.

_ 2012. 2. 24

'못 믿을 여론조사'를 어떻게 믿고 공천

"이쯤 되면 '안습(안구에 습기)'이다. 여론조사의 처지가 그렇다는 얘기다. 여태껏 굵직굵직한 정치적 난제가 등장할 때마다 '해결사' 노릇을 하던 여론조사지만, 야당 참패를 예고했던 6·2 지방선거 예측이 '국민적 사기'로 귀결되면서 찬밥 신세를 면치 못하고 있다. 당장 7·28 재보선을 앞두고 그 후유증이 곳곳에서 감지되고 있다.

먼저 '정치적 합의' 수단으로서 효용 가치를 잃어버린 모습이다. 민주당 정세균 대표는 지난 11일 서울 은평을 재선거 야권 연대와 관련해 "(군소 야당이) 터무니없는 후보를 내놓고 무작정 (민주당의 양보를) 요구하면 안 된다"고 말했다. 이어 "(승리한다는) 확신이 있으면 (양보를) 검토해보겠지만 우리 '(여론)조사'에 의하면 그렇지 않다"고 부연했다. 이는 민주노동당과 국민참여당이 각각 '터무니없는' 이상규·천호선 후보를 앞세워 민주당의 백기투항을 바라지 말라는 일침이었다.

당사자들은 발끈했다. 천 후보는 즉각 논평을 내고 "6·2 지방선거 여론조사에서 민주당이 압승하리라는 예측이 하나라도 있었느냐"며 "본 선거를 치르기 전 여론조사를 갖고 '터무니없다'고 단정할 합리적 근거가 없다"고 응수했다. 선거 결과 예측도 못하는 "여론조사를 통해 후보 간 경쟁력 평가를 한다는 건 말도 안 된다"(양순필 국민참여당 대변인)는 얘기다.

뿐만 아니다. '숨어 있는 야당표' 인플레이션 현상도 심화되고 있다. 여론조사에서 여당 후보에 10%포인트를 뒤져도 얼굴은 싱글벙글이다. 이른바 '한명숙 학습효과' 덕분이다. 민주당 서울시장 후보였던 한명숙 전 총리는 선거 전 여론조사에서 한나라당 오세훈 후보에 최대 20%포인트 이상 뒤졌지만, 막상 개표에선 0.6%포인트 차이로 분패한 바 있다. 민주당의 한 핵심 관계자는 12일 "서울 은평을에 대한 자체 여론조사 결과, 우리 당의 장상 후보가 한나라당 이재오 후보에 겨우 7%포인트 정도 뒤지는 것으로 나타났다"며 "이 정도면 사실상 이기는 것으로 장 후보가 충분히 경쟁력이 있다는 것"이라고 단언했다.

2010년 7월 13일자 모 신문에 게재된 '못 믿을 여론조사… 찬밥 신세'라는 제목의 기사 전문입니다. 지방선거 예측 실패 이후 여론조사에 대한 신뢰도가 형편없이 떨어졌을 때의 에피소드를 소개하고 있습니다. 서로 상대방이 실시한 여론조사 결과를 어떻게 믿을 수 있겠느냐고 삿대질을 하고 있는 셈입니다(여론조사 관련 이해 당사자로서 창피하다 못해 참담한 심정을 금할 길 없습니다).

그랬던 정당들이 지금 여론조사를 통해 "현역의원에 대한 공천 배제 기준을 만들겠다", "예비후보에 대한 평가를 하겠다"고 난리 법석입니다. 한 번 묻고 싶군요. 어떻게 여론조사를 믿습니까, 아니 어떻게 여론조사를 믿게 됐습니까. 1년 반 전에 비해 여론조사가 얼마나 개선됐다고 보십니까. 내가 왜 공천에서 배제됐냐고… 그런 여론조사를 못 믿겠다고 하면 어떻게 대답할 건가요. 이제 와서 여론조사를 믿어야 한다고 설득할 건가요.

예비 후보 간 유불리 다른 여론조사

제 블로그 2012년 2월 17일자 '집전화 RDD 대 휴대전화 패널 결합'에서 언급했듯이 지금 새누리당과 민주통합당이 각각 실시하고 있는 공천 관련 여론조사는 서로 상이한 방식을 채택하고 있습니다. 새누리당은 '집전화 RDD', 민주통합당은 '집전화 RDD+휴대전화 패널' 방식입니다. 동일 지역을 조사하더라도 집전화 RDD는 새누리당에, 휴대전화 패널 결합 방식은 민주통합당에 유리한 결과가 나옵니다.

동일한 방식으로 평가하기 때문에 정당 내 예비 후보 간엔 유불리가 없을 것이라고 하지만, 반드시 그렇지도 않습니다. 가령, 새누리당 예비 후보 중 저연령층에게서 호감을 받을 수 있는 후보는 집전화 RDD 방식이 상대적으로 불리할 수 있고, 민주통합당 예비 후보 중 고연령층 지지가 예상되는 후보는 휴대전화 패널 결합 방식이 상대적으로 불리할 수 있습니다.

여론조사라는 것이 그렇습니다. 자신이 1위로 나오면 전혀 문제가 없습니다. 설사 ARS나 인터넷 조사라고 해도 말입니다. 그러나 2위 이하 후보에겐 너무나 문제가 많고 믿을 수 없는 것이 여론조사입니다. 메이저 여론조사기관이 아무리 정교하게 조사를 설계하고 엄격한 조사방법으로 수행했다고 해도 그렇습니다.

그러니 조만간 '못 믿을 여론조사'라는 얘기가 전국 곳곳에서 터져 나올 것입니다. 1위 후보보다 2위 이하 후보가 훨씬 많기 때문이죠. 공천을 획득한 1위 후보와 이들을 뽑은 정당 관계자들은 여론조사를 믿어야 한다고 강변하겠죠. 평소 '터무니없고 못 믿을 여론조사'라고 주장했던 사람들이 말입니다. 결국 "남이 하면 불륜, 내가 하면 로맨스"란 얘기 아니겠습니까.

_ 2012. 2. 22

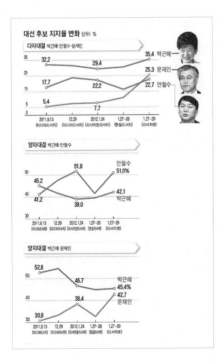

▌▌▌▌▌

여론조사 보도… '백치 저널리즘'

둘째, 타사 조사결과와 비교하는 것에 대해서입니다. 여러 여론조사기관이 비슷한 시기에 실시 발표하는 조사결과는 비록 동일한 시기에 조사했다고 하더라도 늘 비슷한 것이 아닙니다. 오히려 조금씩 상이한 것이 정상적일 수 있습니다. 왜냐하면 조사방법, 질문내용, 표본 선정 및 대체 방식 등이 제각각 다르기 때문이죠. 만약 조사시기가 달라지면 조사결과는 더욱더 달라질 수 있겠죠.

그런 조사결과로 추이를 나타내는 것은 전혀 엉뚱한 결과를 초래합니다. 가령, 박근혜 전 대표의 지지율이 시계열적으로 높아지는 추이를 만들 수 있을 뿐 아니라 반대로 낮아지는 추이도 만들어낼 수 있습니다. 수많은 조사결과 중 그런 추이에 봉사하는 것만 골라 표를 그리면 되기 때문입니다. 당연한 얘기지만… 추이를 제대로 파악하기 위해선 동일 언론사 혹은 조사기관의 조사결과를 시계열적으로 비교해야 합니다.

제 블로그 2011년 9월 16일자 '추석 민심 여론조사 트집 잡기' 중 일부를 옮겨 적은 것입니다. 아무리 얘기해도 소용없는 일이지만, 안타까운 마음에 또 다시 지적하고자 합니다. 잘못된 관행이 고쳐질 때까지 열 번 백 번이라도 반복해서 얘기하라고 했던 GE의 잭 웰치 전 회장처럼 말입니다.

서로 다른 방식으로 진행된 여러 조사기관의 지지율을 하나의 그래픽으로 처리하자는 생각은 도대체 누구의 머리에서 나온 아이디어일까요. 위에서 제시한 그래픽을 한 번 살펴보십시오. 며칠 만에, 아니 단 하루 만에 양자대결 지지율이 미친 듯이 춤을 추고 있습니다. 과연 그것이 가능한 일입니까. 백 번 양보해서 지지율이 실제로 요동쳤다고 합시다. 그 이유가 가관입니다. "정치인 아니다" 발언, 방송 출연, 총선 출마, 친노 부활 분위기 등등… 온갖 소설과 상상력이 동원되고 있습니다. 오히려 무식의 소치 아닐까요. 그런 이유를 토대로 지지율 변동을 예측한 전문가가 있었습니까.

동일 시기 두 개의 여론조사로 지지율 변동 기사 작성한 셈

좀 더 구체적인 얘기를 해보겠습니다. 한길리서치(1.27~28)와 리서치뷰(1.27~29) 조사는 29일 하루 차이가 있지만 동일한 날짜에 실시한 조사나 마찬가지입니다. 일부 '무식한' 언론이 그랬듯이, 왜 동일한 시기에 조사를 실시했는데 양자대결에서 두 후보의 지지율이 이렇게 차이가 있느냐고 따져야 하는 조사입니다. 이처럼 '이상한' 두 개의 조사결과를 나란히 배치해 지지율이 변했다고 보도한 것이 위의 그래픽입니다. 동일 시기에 실시된 두 개의 여론조사를 토대로 지지율 변동 기사를 쓴 셈이죠. '백치 저널리즘'이란 표현에 걸맞는 기사 아닙니까.

당내 경선을 포함해 올 한 해 차기 대선 후보 지지율 기사가 넘쳐날 것입니다. 1~2%포인트 격차와 그 변동에 울고 웃는 상황이 펼쳐지겠죠. 그러나… 그럴수록 객관적인 자료에 기초하고 또 냉정한 시각에서 기사를 작성해야 하지 않겠습니까. 애매하거나 잘 모르면 아는 사람에게 물어봐야 할 테고 말입니다. '소 귀에 경 읽기', '우물에서 숭늉 찾기'인 줄 잘 알지만, 하도 답답해서 하는 소리입니다.

_ 2012. 2. 1

'박근혜·문재인 상승, 안철수 하락'에 대해

설 연휴를 거치며 여야의 대선 후보 중 한나라당 박근혜 비상대책위원장과 민주통합당 문재인 상임고문의 지지율이 상승세를 탄 반면, 안철수 서울대 융합과학기술대학원장은 소폭 하락한 것으로 나타났다. 30일 여론조사 전문업체 리얼미터가 지난 25~27일 전국 19세 이상 유권자 2,250명을 대상으로 실시한 임의번호 걸기(RDD) 방식의 여론조사(신뢰도 95%, 표본오차 플러스마이너스 2.1%포인트)에 따르면, 박 비대위원장의 지지율은 30.5%로 전주(28.8%)보다 1.7%포인트 상승했다. 문 고문의 지지율은 같은 기간 15.3%에서 17.4%로 2.1%포인트 상승했으나, 안 원장은 28.1%에서 23.2%로 4.9%포인트 하락해 두 사람의 격차가 5.8%포인트로 좁혀졌다.(연합뉴스 1월 30일자, 이하 생략)

이 기사에 기초해 여러 언론이 동일한 내용의 기사를 덩달아 썼습니다. 잘못된 기사라고 단정할 수 없지만, 그렇다고 제대로 보도한 것도 아닙니다(가령, 신뢰도 95%도 잘못된 표현입니다). 굳이 말하자면 좀 성급한 기사라고 생각합니다. 이유는 두 가지입니다.

첫째, 상승이라고 하기엔 지지율 변화 폭이 미미합니다. 한나라당 박 위원장의 경우 28.8%에서 30.5%로 1.7%포인트, 민주통합당 문 고문의 경우 15.3%에서 17.4%로 2.1%포인트 상승했습니다. 가령, 다음 주에 실시될 리얼미터 조사에서 지지율이 1~2%포인트 가량 떨어지면 '박근혜 · 문재인 하락'이라고 보도할 수 있을까요. 만약 그런 해석이 가능하지 않다면, 이 기사는 성급하다고 봐야 합니다.

둘째, 이와 관련해 이전에도 한두 번 말씀드렸지만, 지지율 추세를 얘기할 경우 최소 3~4주 정도 결과를 지켜봐야 합니다. 아래는 2012년 1월 첫째 주부터 마지막 주까지의 박근혜 · 안철수 · 문재인 세 후보의 지지율 수치입니다.

	첫째 주	둘째 주	셋째 주	넷째 주
박근혜	29.2	27.3	28.8	30.5
안철수	27.5	25.8	28.1	23.2
문재인	8.7	14.6	15.3	17.4

문 고문의 경우만 최근 지지율이 상승하고 있다고 말할 수 있는 반면, 박 위원장과 안 원장은 추세와 관련해 결론적 언급이 쉽지 않습니다. 굳이 언급할 경우 박 위원장 지지율은 '현상 유지' 혹은 '변화 없음'에 가깝고, 안 원장은 마지막 주 지지율이 유효한 하락

인지 1~2주 정도 더 지켜봐야 합니다.

매일의 조사결과에 대한 일희일비 곤란

대통령 국정수행 지지율을 포함해 매일 매일의 조사결과에 대해 열광(?)하는 정치인들이나 정치부 기자들이 적지 않습니다. 매주 단위의 조사결과와 이에 기초한 결론도 성급할 수 있는데, 동일한 맥락에서 매일의 조사결과는 더 말할 나위가 없겠죠. 이러다가 하루에 오전 오후 두 번씩 혹은 이슈나 사건이 있을 경우 하루에도 몇 번씩 지지율 조사결과가 발표되는 일이 일어나지 않을까 괜히 걱정입니다.

_ 2012. 1. 31

추석 민심 여론조사 트집 잡기

"추석 민심이란 것이 원래 있는 겁니까. 미국에서도 추수감사절 지나면 '추수감사절 민심' 같은 것이 있습니까." 가까이 있는 지인 중 한 명의 질문입니다. 너무 당연해 의문의 여지가 없다고 생각한 것에 대해 질문 받았던 경험 있습니까. 꼭 그런 기분이었습니다. '추석 민심'이란 단어의 실체가 없는데, 마치 뭔가 있는 것처럼 보도하는 행태를 꼬집는 듯한 느낌이었고요.

어떻게 생각하십니까. 과연 추석 민심이란 것이 있을까요. 도대체 이번 추석의 민심은 무엇이었습니까. 실체도 불명확한 추석 민심을 파악하기 위한 여론조사가 이번에도 어김없이 실시됐고 또 여러 언론이 보도했습니다. 그런데 그냥 지나칠 수 없는 몇 가지 문제점이 있더군요. 그 중 세 가지만 말씀드리고자 합니다.

추석 민심은 연휴 때 조사해야 하는가

첫째, 추석 연휴 때 조사를 실시한 것에 대해서입니다. 추석 때의 민심이기 때문에 연휴 때 조사해야 하는 건가요. 아시다시피 추석 연휴엔 많은 국민들이 집을 비운 채 고향을 방문하거나 친구 친지 등을 만납니다. 최근엔 해외여행 등 여가나 레저 활동을 즐기는 집도 적지 않다고 하더군요. 그런 날짜에 여론조사를 한다는 것이 상식적으로 이해가 됩니까. 과문한 탓일 수 있겠지만… 지금까지의 추석 민심 여론조사를 연휴 때 조사한 적은 한 번도 없는 것으로 알고 있습니다. 그럼에도 불구하고 추석 연휴, 즉 2011년 9월 13일에 여론조사를 실시한 곳이 한두 군데가 아닙니다. 제대로 하는 것보다 남들보다 한 발짝 앞서 보도해야 한다는 언론의 속보 경쟁 때문이겠죠. 여론조사 결과의 정확성 및 신뢰성은 진작부터 문제가 아니었습니다. 누가 그것을 알겠습니까. 또 아무도 알아주지 않습니다. 그러니까 아무렇게나 조사해서 남들보다 먼저 발표하는 겁니다. ARS 조사면 어떻고 휴대폰 조사면 어떠냐는 거죠.

서로 다른 조사결과 동원해 마음대로 추세 그리기

둘째, 타사 조사결과와 비교하는 것에 대해서입니다. 언론사와 여론조사기관이 함께 실시 발표하는 조사결과는 비록 동일한 시기에 조사했다고 하더라도 늘 비슷한 것이 아닙니다. 오히려 조금씩 상이한 것이 정상적일 수 있습니다. 왜냐하면 조사방법, 질문내용, 표본 선정 및 대체 방식 등이 제각각 다르기 때문이죠. 만약 조사시기가 달라지면 조사결과는 더욱더 달라질 수 있겠죠.

그런 조사결과로 추이를 나타내는 것은 전혀 엉뚱한 결과를 초래합니다. 가령, 박근혜 전 대표의 지지율이 시계열적으로 높아지는 추이를 만들 수 있을 뿐 아니라 반대로 낮아지는 추이도 만들어 낼 수 있습니다. 수많은 조사결과 중 그런 추세에 봉사하는 것만 골라 표를 그리면 되기 때문입니다. 당연한 얘기지만… 추세를 제대로 파악하기 위해선 동일 언론사와 조사기관의 조사결과를 시계열적으로 비교해야 합니다.

셋째, 지지율을 제외한 기타 관련 질문이 거의 없다는 것입니다. 다들 하나 같이 지지율에 초점을 맞추고 있더군요. 박근혜-안철수, 나경원-박원순 지지율만 제목으로 등장하고 있습니다. 왜 안 원장과 박 이사가 지지를 받고 있는지, 서울시장 보선 이슈가 무엇인지, 무상급식에 대한 입장이 선거 쟁점화할 수 있는지, 한나라당과 민주당 지지자들은 안 원장과 박 이사의 등장을 어떻게 바라보고 있는지 등등. 수많은 궁금증과 이슈에 대한 여론은 눈을 씻고 찾아봐도 찾을 수가 없습니다. 선거가 당장 내일 모레로 다가온 것도 아닌데 말입니다. 결국 추석 민심의 실체가 불분명한데다 그것을 잡아내기 위한 언론과 조사기관의 노력도 별로였다는 얘기입니다. 그럼에도 그런 조사결과에 목을 매고 있는 정치인과 언론이 적지 않습니다. 어제 오늘의 일이 아니었지만 말입니다. 설 민심 역시 마찬가지 아니겠습니까.

_ 2011. 9. 16

'정밀 저널리즘'의 종말

  언제가 이런 날이 올 거라고 예상했습니다. '정밀 저널리즘',
즉 언론에서 여론조사 보도가 종말을 고하는 날 말입니다. 언론이
더 이상 정밀 저널리즘을 요구하거나 기대하지 않는 그런 날이
오고야 말았습니다. 이미 충분히 예상했고, 또 여러 차례 그런
징조가 나타났지만, 제 생각보다 훨씬 빨리 그 날이 닥쳤습니다.
뭐라 말할 수 없는… 참담한 심정을 느낍니다.

  (아마 서울대 교수가 필자였던 것으로 기억합니다만) 〈철강산업의 경쟁
과 협력〉이란 책이 있었습니다. '경쟁과 협력'이란 단어가 과연
실제 상황에서 성립할 수 있는가에 대해 의문을 가졌었죠. 그 후
중앙일보에서 여론조사 일을 하며 조선일보, 좀 더 구체적으로는
조선일보 여론조사 전문기자와 '경쟁과 협력'이란 단어를 떠올리
며 일해 왔습니다. 물론 기본적으론 '경쟁'이겠죠. 그러나 워낙
언론과 여론조사가 '태생적 불화' 관계인 까닭에 '협력'해야 할 일

46

도 적지 않았습니다. 그래서 조선일보 여론조사에 대해선 남다른 관심과 애착을 가질 수밖에 없습니다.

'경쟁과 협력'

2011년 9월 7일자 조선일보 보셨습니까? 그냥 그렇게 넘어갈 수도 있지만, 개인적으로 언론사(구체적으로 조선일보) 여론조사의 종말을 보는 느낌이었습니다. 아시겠지만, 조선일보와 중앙일보는 국내 언론사 중 유이하게 평소 여론조사 전문기자를 운영하고 있는 매체입니다. 뭐 그게 그리 대단한 건 아니지만⋯ 여론조사를 나름의 기준에 따라 객관적으로 보도하기 위한 장치를 가지고 있는 셈입니다. 그런 조선일보의 오늘 아침 자 여론조사 보도는 왜 여론조사 전문기자를 운영하고 있는지 반문하게 만들고 있습니다. 최근, 좀 더 구체적으로 서울시민 무상급식 주민투표 때부터 조선일보에선 여론조사 전문기자가 배제되고 있다는 느낌을 지울 수 없습니다.

첫째, '9%〉55%의 단일화'라는 기사가 그렇습니다. 여론조사에 기반하고 있는 분석이라고 해서 반드시 여론조사 전문기자가 써야 한다는 얘기가 아닙니다. 적어도 여론조사와 관련된 맥락을 알고 여론조사 분석 기사를 써야 하는 거 아닙니까. 9%와 55%는 박원순과 안철수의 단순 지지율이 아닙니다. 가상대결 지지율은 상황과 구도를 지극히 단순하게 만들었기 때문에 제대로 된 지지율이 아닙니다. 그래서 '그의 (지지율) 55%는 어디로 갈까'라는 중간 제목 역시 잘못입니다.

기왕 이렇게 됐으니… 평소 지적하기 곤란한 점도 적겠습니다. 조선일보 기사는 국민일보-GH코리아 500명 조사결과에 기반하고 있습니다. 아시다시피 비슷한 시기에 중앙일보-한국갤럽 1,006명 조사결과가 함께 소개됐습니다. 중앙일보 조사를 인용하라는 얘기가 아닙니다. 한국갤럽 조사결과로 얼마든지 인용 소개할 수 있을 텐데… 그렇게 하지 않았습니다. 중앙일보와 함께 실시한 조사결과라서 그랬을까요. 한국갤럽은 조선일보가 지난 사반세기에 걸쳐 독점적으로 제휴관계를 맺고 이용했던 여론조사 전문기관입니다(이와 관련된 더 이상의 자세한 언급과 뒷이야기는 생략하겠습니다).

둘째, 1면 오른쪽 '안철수 42.4%, 박근혜 40.5%' 기사에 대해서입니다. 여기서 새삼 조사결과의 정확성 혹은 신뢰성 얘기를 하고 싶진 않습니다. '이번 조사는 이 날 ARS(전화자동응답) 설문 RDD(무작위 임의걸기) 방식으로 조사했다고 뉴시스는 밝혔다'고 썼습니다. 과연 조선일보는 모노리서치라는 기관이 어떤 방식으로 어떻게 조사했는지 알고 있습니까. 실제로 RDD를 했는지 확신하고 있는가요. '… 조사했다고 뉴시스는 밝혔다'고 했는데, 만약 모노리서치가 그렇게 하지 않았으면(조사방식대로 하지 않았다면) 조선일보는 면책되는 겁니까.

ARS 조사의 문제점과 한계, 또 모노리서치가 어떤 (조사)기관인지에 대해선 여기서 언급하지 않겠습니다. 혹시 관심이 있는 분들은 2006년과 2010년 지방선거 때 모노리서치가 어떤 일을 했고 선거 혹은 선거조사와 관련해 어떤 사연이 있었는지 확인해 보시기 바랍니다.

문제는 그런 사정에도 불구하고 이 기사의 여파가 적지 않다는데 있습니다. 여론조사가 여의치 않은 마이너 신문사나 인터넷 매체라면 그럴 수 있겠지만, 명색이 메이저 중 메이저에 해당하는 조선일보가 체면과 자존심을 버린 채 ARS 조사결과를 1면에 버젓이 게재하는 모습에 그저 황당할 따름입니다. 아시다시피 기존 집전화 여론조사도 정확성과 신뢰성 측면에서 의심을 받고 있습니다. 그런데 ARS(자동응답시스템)가 그 대안은 아니지 않습니까. 시간과 비용 그리고 편의성 측면에서 산발적으로 이용할 순 있겠지만 말입니다.

중앙일보 "너나 잘 하세요"

예, 얼마든지 감수할 수 있습니다. "중앙일보 너나 잘하라"는 비아냥 말입니다. 앞으로 더 잘할 생각입니다. 새삼 각오를 다지고 있습니다. 그러나 당장은 그런 비아냥을 받아도 할 말이 없게 됐습니다. 조선일보 1면에 황당한 여론조사가 보도된 날 아침에 출근했더니… "왜 중앙일보엔 안철수가 박근혜를 앞섰다는 여론조사 기사가 빠졌느냐"는 볼멘소리가 들려오더군요. 결국 그 나물에 그 밥인 셈이죠. 아니나 다를까 인터넷 중앙일보에선 '안철수, 대선 가상대결에서 박근혜 이겼다'는 기사가 버젓이 올라와 있더군요. 백번 양보해서 '안철수 42.4%, 박근혜 40.5%'란 조사결과를 표시할 수는 있겠지만, "안철수가 앞섰다"거나 "이겼다"는 것은 아니지 않습니까.

조선일보를 향해 '정밀 저널리즘'의 종말을 얘기하는 거 자체가 부끄러운 일이 돼 버렸습니다. 밥벌이의 지겨움 혹은 역겨움이 생각나는군요. 이제 할 만큼 했다는 생각도 듭니다. 정말 각오를 해야 할 시기가 왔다는 느낌입니다.

_ 2011. 9. 7

‖‖‖‖‖
다시 ARS 여론조사에 묻는다

여론조사 영역에서 "악화가 양화를 구축"하는 일이 벌어지지 않았으면 한다는 바람을 여러 차례 피력한 적이 있습니다. 그러나 이미 그런 일이 흔해졌습니다. 자동응답시스템(ARS)을 통한 여론조사 말입니다. 2011년 7월 12~13일 실시된 서울신문-한국정책과학연구원(KPSI), 7월 17일 실시된 뉴시스-모노리서치 조사가 그것입니다. 지난해 지방선거 예측 실패 이후 제대로 된 여론조사를 모색하고 있는 조사업계·학계·언론계를 아랑곳하지 않는 무례하고도 무식한 처사에 분노 대신 차라리 슬픔을 느낍니다.

박근혜 22.9%, 손학규 13.0%, 김문수 12.7%, 문재인 11.5%

(서울신문-KPSI)

박근혜 37.9%, 문재인 11.8%, 손학규 11.3% (뉴시스-모노리서치)

ARS 여론조사의 문제점에 대해선 여기서 재론하지 않겠습니다. 조사주체 및 조사기관, 이를 인용한 또 다른 언론사 모두가 '악화'를 만드는데 기여하고 있습니다. 조사를 의뢰한 언론사나 조사를 수행한 조사기관이 공범이라면, 그 결과를 보도하는 또 다른 언론사는 방조범입니다. 도대체 어떤 시사점을 얻을 수 있을지 막연하기만 한 위의 ARS 여론조사 결과를 토대로 이들이 뽑아낸 기사 제목은 아래와 같습니다.

- 박근혜 대세론 대 거품론 팽팽
- 지지부진 박근혜? 욱일승천 문재인
- 문재인, 차기 대권 설문조사서 손학규 제쳐
- 특강 정치로 이슈화… 김문수, 못 꺾고 3위

'양화' 논의 때 사회 봤던 교수가 '악화' 수행

ARS가 왜 '악화'냐고 되묻고 싶은 사람이 있을 겁니다. 전화 여론조사가 '양화'냐는 질문도 당연히 준비하고 있겠죠. 충분한 토론과 설명이 필요하겠지만, 적어도 현재로선 ARS를 악화로 분류해야 한다고 봅니다. 그렇다고 현재의 전화 여론조사가 양화라고 주장하는 건 아닙니다. 주지하다시피 전화 여론조사는 상당기간 양화로 분류돼 왔습니다. 다시 양화로 자리매김하기 위해 암중모색과 연구가 활발히 진행되고 있는 것도 사실이고요.

7월 6일 서울시 중구 프레스센터에서 열렸던 '한국 정치 선진화를 위한 여론조사 환경진단 심포지움' 역시 그 일환입니다. 조사협회가 주관하고 특임장관실이 주최했으며 SBS · YTN · 조선일보가 후원했습니다. 1부에선 '한국 여론조사의 현 주소와 개선방안'을, 2부에선 '조사방법론 및 조사환경 개선'에 대한 논의가 있었습니다. 세부적으로 '방법론 개선방안(Sampling)', '조사결과 활용과 언론보도', '여론조사 법적 · 제도적 개선' 등이 포함됐고요.

조사업계와 학계 · 언론계의 이런 움직임과 모색에 대해 ARS 쪽에선 어떤 생각을 하고 있는지 궁금합니다. 혹시 자신들과 전혀 무관한 것이라고 생각하고 있을까요. 적은 비용으로 전화 여론조사에 버금가는 결과를 얻을 수 있다고 믿는 걸까요. 나아가 혹시 자신들의 ARS가 전화 여론조사를 대체할 수 있는 대안이라고 생각하고 있을까요.

우리를 더 슬프게 하는 일이 있습니다. 조사협회 심포지엄 사회를 본 교수입니다. 종일 진행된 전화 여론조사의 문제점과 개선방안 논의를 훌륭하게 이끌었습니다. 자신의 조사 경험과 미국 유학 때의 사례를 적절히 인용하기도 했고요. 물론 전화 여론조사에 대해서 말입니다. 그런 분이 불과 며칠 뒤에 자신이 원장으로 있는 기관 이름으로 ARS 여론조사를 버젓이 수행해 발표한 것입니다. 거기에 자신의 정치적 해석까지 덧붙였고요. 조사결과를 인용한 어떤 매체에서 그랬더군요. "정치평론가가 원장으로 있는 기관에서 수행했기 때문에 매우 신뢰할 만한 조사결과"라고요.

_ 2011. 7. 22

제2장

'정확한 여론조사 환상' 벗어나야

‖‖‖‖‖

박 대통령 지지율의 속살

지난 25일은 박근혜 대통령이 취임한 지 1년이 되는 날이었습니다. 이 날을 기해 여러 언론이 여론조사를 실시했습니다. 대개 60%대의 지지율을 기록한 것으로 나타났고, 일부에선 50%대의 지지율을 보인 곳도 있더군요. 역대 대통령의 취임 1주년 때 지지율과 비교해 1~2위를 다툴 정도로 높은 수준입니다.

고 연령층 중심의 박 대통령 개인적 지지 기반

그러다보니 주위의 반응이 크게 엇갈렸습니다. 먼저 30% 안팎에 달하는 박 대통령의 개인적 지지층, 여권의 책임분산 전략과 종북 논쟁에 따른 보수층 결집, 야권의 수권능력 미흡에 따른 반사이익 등을 내세우면서 60%대 지지율이 당연하다고 얘기하는 사람들이 있습니다. 높은 지지율의 기반으로 박 대통령의 개인적 지지층에 특히 주목해야 합니다. 이들은 대부분 '강한 긍정' 쪽에 속해 있습니다. 국정수행을 "매우 혹은 아주 잘하고 있다"고 답하는 사람들이 많다는 뜻이죠. 정치적 사안과 무관하게 충성도가 높은 지지층이 두텁다는 얘기이기도 합니다.

역대 대통령 중 '강한 긍정' 비율이 가장 높은 것은 박 대통령의 커다란 자랑거리입니다. 전체 지지율 62.7%를 기록한 중앙일보 조사에서 '강한 긍정' 즉, "매우 잘하고 있다"가 19.5%포인트였고, 63.1%를 기록한 KBS-미디어리서치 조사에선 25.5%포인트였습니다. 2010년 말 이명박 전 대통령은 50% 내외의 지지율을 기록했는데, '강한 긍정'은 5%포인트에 그쳤습니다. 고 노무현 전 대통령의 경우 지지율이 40%였을 때 '강한 긍정'은 2~3%포인트에 불과했고요.

그러나 다른 한편에선 아무리 주위를 둘러봐도 대통령에 대해 호의적으로 평가하는 사람이 없는데 어떻게 그런 지지율이 가능하냐고 반문하는 사람들이 있습니다. 결국 누굴 기준으로 하느냐에 달려 있습니다. 대학을 졸업한 40~50대 화이트칼라 입장에서 볼 때 지지율이 높을 것입니다. 그러나 시골에 계신 우리 조부모 혹은 부모 입장에선 60%대 지지율이 오히려 낮을지도 모르는 일입니다.

박 대통령의 실제 지지율이 어느 정도인지 아무도 알 수 없습니다. 선거를 치르지 않는 한 말입니다. '불완전한' 여론조사를 통해 그저 현재 시점의 지지율을 추정할 뿐입니다. 다만 현재 실시되고 있는 여론조사의 한계를 감안할 때 실제보다 지지율이 다소 높지 않을까 하는 개인적 느낌을 가지고 있습니다. 그 이유는 다음 두 가지 때문입니다.

첫째, 현재 실시되고 있는 여론조사 응답자들이 과연 우리 국민을 대표할 수 있는 표본인가 하는 점입니다.

그렇지 못한 게 현실입니다. 여론조사에 있어서 표본의 중요성을 고려할 때 이것은 매우 근본적인 문제입니다. 현재의 조사 여건에선 박 대통령의 국정 운영에 대해 호의적인 응답자, 가령 직업적으로 주부, 연령적으로 고(高)연령층이 표본으로 선정될 가능성이 높습니다. 이렇게 얘기하면, 성·연령·지역별 가중치를 부여해 보정하지 않느냐고 반문하는 사람이 있을 것입니다. 물론 일부 보정이 가능하지만, 여전히 문제가 남습니다. 특히 직업은 보정하기가 어렵습니다.

동일 연령대 및 직업에 속해 있다고 하더라도 재택 여부에 따라 응답 성향에 차이가 있습니다. 관련 연구도 적지 않고요. 조사 시간대에 집에 있는 응답자와 바깥에 있는 응답자의 성향이 다르다는 얘기입니다. 가령, 표본 속에 20대를 일정 비율 포함시켰다고 하더라도 집에 있는 20대와 바깥에 있는 20대의 응답 성향이 다르기 때문에 가중치 부여가 무용지물일 수 있습니다. 이런 점을 보완하기 위해 휴대전화 조사를 병행하고 있지만, 그래도 남는 문제가 있습니다.

응답자와 응답 거절자의 성향 차이가 그것입니다. 무작위 선정이 이루어지지 않기 때문에 재택자이거나 휴대전화 응답자라고해서 모두 대상이 되는 것이 아닙니다. 대통령과 여당의 행태에 대해 비판적이거나 짜증을 내는 사람들이 응답을 거절할 가능성이 높기 때문에 응답자의 응답으로만 집계되는 여론조사 지지율이 실제보다 높을 수 있다는 얘기입니다. 오죽했으면 유시민 전 장관 같은 분이 자신의 홈페이지를 통해 "집권당과 대통령의 행태를 비판적으로 보는 시민들은 제발 전화 좀 받으시라. 짜증난다고 끊지 말고 여론조사 전화가 오면 쌍수를 들고 환영하면서 지지율을 떨어뜨려 달라"고 당부까지 했겠습니까.

둘째, 조사 과정에서 '중간' 혹은 '모름 · 무응답'이 긍정 응답으로 분류될 가능성이 있습니다.

한국갤럽을 제외한 거의 대부분의 여론조사가 중간 응답을 허용하지 않고 있습니다. 박 대통령의 국정 운영에 대해 "보통" 혹은 "중간"이라고 응답하거나 "그저 그렇다"라고 유보적으로 답할 경우, 해당 응답은 긍정 혹은 부정 응답으로 다시 분류될 운명을 맞이하게 됩니다. 마냥 상냥했던 면접원의 재촉이나 짜증을 유발하게 되고, 그래도 자신의 주장을 굽히지 않을 경우 면접원의 '임의' 혹은 '강제'에 의해 어느 한 쪽으로 분류되거나 '모름 · 무응답'으로 끌려갈 수 있습니다.

이런 점은 중간 응답을 (결과적으로) 허용하고 있는 한국갤럽과 그렇지 않은 대다수 조사기관의 지지율 비교를 통해 확인할 수

있습니다. 중앙일보를 비롯해 방송 3사가 제각기 실시한 여론조사
에선 60% 이상을 기록했지만, 한국갤럽은 56%로 다른 여론조사
에 비해 7~8%포인트 가량 지지율이 낮습니다. 한국갤럽의 경우
다른 여론조사에선 찾아볼 수 없는 응답항목, 즉 '어느 쪽도 아니
다'가 5%였습니다. 결국 이들 중 상당수가 대다수 다른 여론조사
에서 긍정 응답으로 분류됐을 가능성이 있다는 얘기입니다.

_ 2014. 2. 27

▐▐▐▐▐
18대 대선 여론조사의 정확성

제가 가장 자신 있게 예측할 수 있는 것이 꼭 하나 있습니다. 이미 알고 있는 분도 계시겠지만, 어떤 선거든 끝나면 반드시 여론조사가 빗나갔다는 기사가 나올 것이란 예측입니다. 이번 대선에서도 제 예측은 어긋나지 않았고, 앞으로도 당분간 높은 정확성을 자랑할 것입니다(그러나 관련 논의에 대해선 이미 여러 번 다루었기 때문에 생략하겠습니다).

아시다시피 공표가 허용되는 마지막 날, 즉 12월 12일까지 실시된 대부분의 여론조사에서 박근혜 후보가 문재인 후보에게 최대 6.8%포인트에서 최소 0.4%포인트 사이에서 앞서는 것으로 나타났습니다(문 후보가 앞서고 있다는 여론조사가 전혀 없었던 건 아닙니다). 적어도 역대 대선에 비해 여론조사 예측치의 최대 및 최소 구간이 좁혀진 것 같습니다. 물론 대선 D-7일의 후보 지지율로 최종 득표율을 예측하는 것이 무리가 있는 일이긴 합니다만. 그래서 함부로 장담할 일이 아니지만, 대한민국 여론조사가 조금씩 발전하고 있는 것 같아 다행이란 생각입니다.

민주당이 주장했던 '숨은 표'와 '골든크로스'

지난 4월 총선에 이어 이번 대선에서도 민주당 쪽 그리고 소위 좌파 진영에선 우리 언론이 보도했던 여론조사가 빗나갈 것이라고 장담했습니다. 그들은 다시 '숨은 표' 얘기를 했습니다. 지난 2010년 서울시장 보궐선거 때 여론조사의 참담한 실패 스토리를 이번에도 빠뜨리지 않았습니다(그 후 여론조사 관련 이해당사자들이 어떤 개선 노력을 전개했는지에 대해선 따로 논의할 기회가 있을 것입니다). 적어도 올 총선과 대선에선 2년 전의 숨은 표가 사라졌다는 사실은 분명해 보입니다. 모르겠습니다. 다음 선거에서 또 다시 숨은 표 얘기를 꺼낼 것인지…

이들 주변을 맴도는 조사기관에선 문재인 후보가 확실히 이길 것이란 여론조사를 여러 차례 내놨습니다. 그들은 과거 선거 때 자신들만 족집게처럼 결과를 맞추었단 점을 늘 강조합니다. 그래서 이번에도 틀림없이 예측을 잘할 수 있다는 얘기를 하고 싶었겠죠. 이들의 조사결과를 근거로 민주당은 '골든크로스' 얘기를 했고, 관련 언론은 이를 받아 적었습니다. 지지율에서 뒤져 있던 문 후보가 박 후보를 이기기 시작했다는 의미로 사용했습니다. 그들의 이번 대선 예측 실패가 단지 한 번의 실수에 불과했을까요.

예측 정확성… 자랑할 일도 상심할 일도 아니다

많은 조사기관이 대선 여론조사를 실시했습니다. 공표금지 기간에도 말입니다. 이들 중 상당수가 자신들의 예측 결과가 정확했다고 합니다. 일단 축하를 드립니다만, 그것으로 끝이 아니었으면 합니다. 개인적 생각으론 맞추었다고 자랑할 일도 틀렸다고 상심할 일도 아니라고 봅니다. 만약 맞췄다면 운이 좋았던 거고, 틀렸다고 해도 운이 나빴던 쪽에 가깝다고 봅니다. 진영 논리에 근거해 억지로 끼워 맞춘 것이 아니라 적어도 나름의 방식에 근거해 치밀하게 준비했다면 말입니다.

대선을 열흘 가량 앞두고 한국조사연구학회가 열렸습니다. 학술대회였음에도 불구하고 곳곳에서 '누가 다음 대통령이냐'가 화제였습니다. 대선 여론조사 세션에선 급기야 패널들에게 이 주제에 대한 전망을 요구하는 일이 벌어졌습니다. 그러나 조사기관 관계자 대부분이 "잘 모르겠다"로 일관하더군요. "겸손해야 한다"고 하면서 말입니다. 수많은 조사결과를 가지고 있을 텐데… 왜 예측을 못하겠습니까. 그럼에도 불구하고 그동안 많이 틀려봤기 때문 아니겠습니까.

누가 대통령이 되겠느냐는 질문 못지않게 조사기관의 절대적 상대적 신뢰도를 묻는 질문에 대해서도 답변이 어렵습니다. 그럴 때마다 궁색해서 이렇게 둘러댑니다. "지금까지 가장 많이 틀렸던 조사기관이 가장 신뢰할 만하다고"요. 지금 자신들의 예측치가 정확했다고 주장하는 조사기관보다 우린 이렇게 틀렸다고 얘기하는 조사기관이 있는지 또 그런 조사기관이 어디인지 살펴보시기 바랍니다. 5년 후엔 지금 실패했다고 말하는 조사기관이 최종 승자로 등극할 가능성이 더 많을 것입니다. 실패를 통해 값진 교훈을 얻었다면 말입니다.

_ 2012. 12. 23

▌▌▌▌▌
"총선 여론조사 또 틀렸다"는 인식

작년에 왔던 각설이도 아니고, 선거만 끝나면 등장하는 것이 있습니다. 여론조사 틀렸다는 기사가 그것입니다. 한 번 찾아보십시오. 2010년 지방선거, 2011년 서울시장 보궐선거 그리고 지난 2008년 총선 때 그랬고, 이번 총선에서도 마찬가지입니다. 제발 그만 하라고 아무리 당부해도 소용없지만, 또 얘기하고자 합니다. 이전에 했던 설명이 다시 반복되더라도 말입니다. "열 번 이야기하지 않으면 한 번도 얘기하지 않은 것과 같다"(미국의 세계적인 기업 GE의 잭 웰치 전 회장)고 했고, "정말 중요하다고 생각하는 일은 모든 사람의 뇌리에 새겨질 수 있도록 백 번이고 반복해야 한다"(ABB 퍼시 바네빅 전 회장)고 하더군요.

여론조사가 틀렸다는 사람들의 주장 중 으뜸은 "선거 전에 실시한 여론조사가 왜 최종 승자를 제대로 맞추지 못하는가"입니다. 지난해 10월 케이블 채널을 통해 방영된 모 신문사 논설위원의

주장이 대표적입니다. "선거를 앞두고 실시된 각 언론사 여론조사
는 대개 무소속 박원순 후보와 한나라당 나경원 후보 간 승부를
박빙으로 예측했습니다. 일부 조사에선 나 후보가 10%나 앞선
경우도 있습니다. 그러나 막상 투표함을 열어보니 박 후보가
53.4% 대 46.2%로 크게 이겼습니다. 결국 선거 전 실시한 대부분
의 여론조사가 오차범위를 넘어선 치명적 오류를 보여줬습니다."

비슷한 주장은 이번 총선에서도 이어지고 있습니다. 방송사 출
구조사마저 틀리는 바람에 전화 여론조사에 대한 비난이 다소 줄
어들긴 했지만 말입니다. 모 신문사 기사 중 일부입니다. "4 · 11
총선에서도 '못 믿을 여론조사'라는 속설이 재확인됐다. 선거 전
실시된 여론조사는 물론 투표장 인근에서 실시된 출구조사도 적잖
이 틀렸다. 특히 박빙의 승부가 펼쳐졌던 수도권에선 예상과 크게
빗나갔다."

정확할 수 없는 사전 전화 여론조사

어떤 방식을 사용했든 선거 전 여론조사(출구조사 제외)는 공표가
가능한 4월 4일, 즉 D-7일까지 실시된 조사결과에 불과합니다.
조사 시점의 두 후보 지지율, 다시 말해 당시의 판세를 보여줄
뿐입니다. D-Day 때의 최종 득표율을 예측하기 위한 것이 아니
란 얘기입니다. 따라서 선거 전 여론조사와 최종 득표율을 비교한
다는 것 자체가 잘못입니다. 이 둘은 서로 비슷할 수 없고, 만약
둘이 비슷할 경우 칭찬할 것이 아니라 오히려 이상하다는 인식을

가져도 무방합니다.

왜냐하면 우선 두 후보의 지지율 합이 다릅니다. 여론조사에서의 후보 지지율 합은 기껏해야 70~80%에 불과합니다. 나머지 20~30% 가량은 '모름·무응답'(무당파). 이들이 최종적으로 누굴 지지하느냐에 따라 승자가 달라지지만, 여론조사에선 알 길이 없습니다. 아직 모르겠다거나 말할 수 없다는 유권자를 윽박질러 지지 후보를 밝히라고 강요할 순 없지 않습니까. 이에 비해 출마 후보의 최종 득표율 총합은 거의 100%에 가깝습니다. 가령, 두 후보 지지율이 여론조사에서 40% 대 35%였을 경우, 최종 득표율이 어떻게 나와야 정확히 맞춘 것입니까. 40% 대 35%가 정답입니까, 아니면 50% 대 45%가 정답이란 말입니까. 만약 사전 여론조사로 최종 득표율을 예측할 생각이었다면 판별분석 등의 통계처리를 통해 무당파를 적절히 배분하거나 아예 배제하는 등의 조치를 취해야 하겠지만, 어떤 언론사나 조사기관도 그런 방식을 사용해 보도하지 않았습니다. 사전 여론조사가 최종 득표율을 예측하기 위한 용도가 아니었기 때문이죠.

둘째, 무당파를 통계적으로 처리하더라도 선거 열흘 전 혹은 일주일 전 조사결과로 최종 득표율을 맞히는 것이 쉽지 않습니다. 막판 분위기에 따라 크게 요동치는 변수가 돌출하기 때문입니다. 2002년 대선 후보 경선 때의 정몽준 후보 지지 철회, 2004년 총선 당시 정동영 열린우리당 의장의 노인 폄하 발언 등은 모두 선거를 며칠 앞두고 나온 변수였습니다. 이 경우 그 이전에 실시된 여론조사는 무용지물이나 다름없습니다. 2011년 서울시장 보궐선거 때만 하더라도 안철수 교수가 박원순 후보를 응원하는 편지를 들고 재등장한 것이 투표 3일 전의 일이었습니다. 이번 총선 막판 최대 변수였던 김용민 후보의 막말 파문 역시 투표를 1주일 앞둔 시점에서 돌출됐기 때문에 그 이전에 실시된 여론조사가 이를 반영할 수 없었습니다.

셋째, 최종 득표율은 투표일, 즉 4월 11일의 정답에 불과합니다. D-7일 혹은 D-30일 등 다른 날짜에 실시된 여론조사의 정답이 아니란 뜻입니다. 게다가 해당 조사 시점의 정답은 아무도 알 수 없습니다. 특정 지역구 후보의 최종 득표율이 투표 1주일 전 혹은 한 달 전에도 그랬을 것이란 주장은 전혀 이치에 맞지 않습니다. 그럼에도 불구하고 대다수 기자들은 투표일인 D-Day 때의 최종 득표율이 선거 이전에 실시된 모든 여론조사의 정답인 양 비교 평가하는 오류를 범하고 있습니다. 심지어 선거 한 달 전 여론조사가 최종 득표율을 족집게처럼 맞혔다는 기사를 마치 특종처럼 보도하는 경우도 있고요.

선거 직후에 실시된 몇몇 조사기관의 투표자 조사를 살펴보면, 투표를 1주일 앞두고도 지지 후보를 결정하지 못했다는 유권자가 절반을 넘습니다. 실제로 그런지 알 수 없지만 말입니다. 게다가 총선 투표율은 겨우 50%를 넘기는 수준입니다. 한 번 곰곰이 생각해 보십시오. 여론조사 응답자 절반가량은 투표에 참가하지 않는 사람이었습니다. 투표에 참가한 절반의 유권자 중 또 다른 절반은 여론조사가 실시될 시점에 지지 후보를 결정하지 못하고 있었습니다. 결국, 전체 유권자 중 4분의 1에 해당하는 25%만이 응답 자격을 갖춘 셈이었습니다. 여론조사 응답자 4분의 3은 투표소에 갈 생각이 없거나 가더라도 누굴 찍을지 마음을 정하지 못한 그런 유권자였습니다. 그런 여론조사로 어떻게 최종 득표율을 맞출 수 있단 말입니까.

여론조사의 정확성을 무시하거나 방치하자는 것이 아닙니다. 정확성 제고를 위한 관심과 노력이야 아무리 강조해도 지나치지 않습니다. 문제는 전혀 가능하지 않거나 잘못된 인식에 기반해 여론조사를 비판하거나 오해하는 일이 없어야 한다는 것입니다.

둘쭉날쭉할 수밖에 없는 까닭

여론조사가 틀렸다는 사람들의 또 다른 주장은 "여론조사 결과가 왜 들쭉날쭉인가"입니다. 여론조사 결과가 모두 비슷해야지 왜 서로 다른지 묻고 있습니다. 누가 앞서는지 헷갈린다는, 심지어 그냥 달라서 문제라는 기사도 적지 않습니다. 그래서 여론조사란 원래 믿을 수 없는 것이란 오해까지 생겨난 것으로 보입니다.

여론조사 결과는 모두 비슷하기보다 다를 경우가 훨씬 많다는 점을 이해해야 합니다. 비슷한 시기에 실시된 여론조사 간 지지율 차이는 매우 흔한 일입니다. 서로 다를 수밖에 없는 이유가 있기 때문이죠. 조사방식의 차이, 표본의 대표성 위기(혹은 문제), 낮은 응답률 외에도 조사시기, 조사기관, 면접원 숙련 여부, 질문방식과 추가 질문 여부, 가중치 부여를 비롯한 데이터 처리방식 등 매우 다양합니다. 이런 변수들을 제대로 통제하지 않을 경우 여론조사 결과에 차이가 날 수밖에 없습니다.

이번 총선 여론조사에선 조사방식에 명백한 차이가 있었습니다. 집전화에만 의존한 조사방식(ARS, RDD 포함)과 집전화에다 휴대전화 패널을 결합한 방식이 그것입니다. 집전화로 포괄할 수 없는 유권자를 포함시켰기 때문에 두 가지 조사방식 간 후보 지지율 차이는 오히려 당연했습니다. 그럼에도 불구하고 왜 두 가지 조사결과가 비슷하지 않고 들쭉날쭉한지에 대해 묻고 있으니 참으로 답답한 노릇입니다.

여론조사 결과가 늘 제각각이어야 한다는 얘기가 아닙니다. 대다수 조사결과가 비슷하게 나올 경우엔 이를 하나의 객관적 사실로 받아들여도 무방합니다. 문제는 누가 봐도 상이한 방식으로 실시된 두 개 이상의 여론조사 결과가 왜 비슷하지 않느냐고 따지는 경우입니다. 왜 그런 결과가 나왔는지 살피는 지혜와 여유가 필요하다는 점을 강조하고자 합니다.

_ 2012. 4. 30

※ 이 글은 '편집기자협회보' 2012년 4월 30일자에 게재된 것입니다.

⦀⦀⦀
여론조사 보도에 대한 잘못된 신화

2011년 10·26 서울시장 보궐선거가 끝나면서 또 다시 낡은 레퍼토리가 되풀이됐습니다. 이제 지겨울 때도 됐는데 말입니다. 박원순-나경원 두 후보의 최종 득표율 혹은 출구조사 결과와 사전 전화 여론조사 간에 차이가 있다는 보도가 그것입니다. 한둘이 아니라서 일일이 예를 들기도 여의치 않습니다.

여론조사 보도에 대한 이해 부족 혹은 오해는 여기서 그치지 않습니다. '들쭉날쭉 여론조사', '족집게 출구조사', '여론조사 때문에 패배했다' 등도 모두 여기에 포함됩니다. 언론사 기자들이 여론조사 보도에 대해 잘못 알고 있는 신화 중 몇몇의 실체를 살펴보고자 합니다.

신화 1: 선거 전 전화 여론조사는 최종 득표율을 정확히 예측해야 한다

"선거를 앞두고 실시된 각 언론사 여론조사는 대개 무소속 박원순 변호사와 한나라당 나경원 후보 간 박빙 승부를 예측했다. 일부 조사에선 나 후보가 10%나 앞선 경우도 있다. 그러나 막상 투표함을 열어보니 박 후보가 53.4% 대 46.2%로 크게 이겼다. 결국 선거 전에 실시한 대부분의 여론조사가 오차범위를 넘어선 치명적 오류를 보여줬다."

10월 29일 케이블 채널을 통해 방영된 모 신문사 논설위원의 주장입니다. 선거 전 전화 여론조사가 최종 득표율을 정확히 예측하지 못했음을 탓하는 보도의 전형적 패턴입니다. 비슷한 사례로 다음과 같은 보도 유형도 있습니다.

"유선전화 RDD를 사용한 언론사는 나 후보 우세를 예측해 '오보를 냈고', 유선전화와 휴대전화 가입자를 상대로 조사한 언론사는 박 후보 우세를 예측해 '오보를 모면했다'."(기자협회보 11월 2일자)

어떤 방식을 사용했든 선거 전 여론조사는 공표가 가능한 19일, 즉 D-7일까지 실시된 조사결과에 불과합니다. 조사 시점의 두 후보 지지율, 즉 당시 판세를 보여줄 뿐이죠. D-Day 때의 최종 득표율을 예측하기 위한 조사가 아님은 물론입니다. 따라서 선거 전 여론조사와 최종 득표율을 서로 비교한다는 것 자체가 잘못입니다. 선거 전 여론조사와 최종 득표율은 서로 비슷할 수도 없으며, 비슷할 경우 오히려 이상하다는 인식이 필요합니다.

왜냐하면 첫째, 두 후보의 지지율 합이 다릅니다. 여론조사에서의 지지율 합은 기껏해야 80%에 불과합니다. 나머지 15~20%가량은 '모름·무응답'(무당파)입니다. 이들이 최종적으로 누굴 지지하느냐에 따라 여론조사 지지율은 달라질 수밖에 없습니다. 둘째, 무당파를 통계적으로 처리하더라도 선거 열흘 전 혹은 일주일 전 조사결과로 최종 득표율을 맞히는 것이 쉽지 않습니다. 막판 분위기에 따라 크게 요동치는 변수가 돌출하기 때문이죠. 셋째, 최종 득표율은 투표일, 즉 26일의 정답에 불과합니다. D-7일 혹은 D-30일 등 다른 날짜에 실시된 여론조사의 정답이 아니란 뜻입니다. 게다가 해당 조사 시점의 정답은 아무도 알 수 없습니다.

여론조사의 정확성을 무시하거나 방치하자는 것이 아닙니다. 정확성 제고를 위한 관심과 노력은 아무리 강조해도 지나치지 않습니다. 전혀 가능하지 않거나 잘못된 인식에 기반해 여론조사를 비판하거나 오해하는 일은 없어야 한다는 말씀을 드리고자 합니다.

신화 2: 여론조사 결과는 모두 비슷해야 한다

비슷한 시기에 실시된 여론조사 간에 지지율 차이가 있을 경우는 매우 흔합니다. 그래서 그런지 여론조사가 들쭉날쭉하다는 인식 역시 폭넓게 퍼져 있습니다. 누가 앞서는지 헷갈린다는, 심지어 그냥 달라서 문제라는 기사도 적지 않고요. 그래서 여론조사란 원래 믿을 수 없는 것이란 오해까지 생겨났습니다.

우선 여론조사 결과는 모두 비슷하기보다 다를 경우가 훨씬 많다는 점을 이해해야 합니다. 서로 다를 수밖에 없는 이유가 있기 때문이죠. 조사방식의 차이, 표본의 대표성 위기(혹은 문제), 낮은 응답률 외에도 조사시기, 조사기관, 면접원 숙련 여부, 질문방식과 추가 질문 여부, 가중치 부여 등 데이터 처리방식 등 매우 다양합니다. 이러한 변수들을 제대로 통제하지 않을 경우, 서로 다른 여론조사의 결과에 차이가 날 수밖에 없다는 인식이 필요합니다.

2003년 말 노무현 정부 때의 일입니다. 재신임을 묻겠다고 했습니다. 중앙일보를 비롯해 조선일보, 동아일보가 동시에 여론조사를 실시해 10월 11일자로 보도했습니다. 중앙일보는 자체 조사팀, 조선일보는 한국갤럽, 동아일보는 코리아리서치에 조사를 맡겼습니다. 조사기관도 달랐지만, 질문내용도 달랐습니다. 중앙일보는 '노 대통령이 재신임을 묻겠다고 한 것이 잘한 일인지 혹은 잘못한 일인지' 물었습니다. 조선일보는 '재신임을 국민에게 묻는 것이 적절한지 적절하지 않는지' 물었고, 동아일보는 그냥 '재신임을 물어야 하느냐 물을 필요가 없느냐'고 질문했습니다. 그 결과 중앙일보는 48.0% 대 35.3%, 조선일보는 50.2% 대 38.8%, 동아일보는 42.2% 대 51.1%로 각각 상이한 결과를 보도했습니다.

이런 사례는 여론조사 선진국에서도 흔한 일입니다. 미국에선 대학과 조사기관 등 여러 군데서 수시로 대통령 국정수행 지지도를 묻고 있는데, 동일 날짜에 발표된 대통령 국정수행 지지도가 조금씩 상이한 게 일반적입니다. 독일의 경우에도 비슷한 시기에 발표된 수도 이전에 관한 여론조사에서 본(Bohn)과 베를린(Berlin)이 각각 우세한 조사결과가 나온 적이 있습니다. 일본의 경우에도 해외 파병과 관련해 서로 다른 조사결과가 보도된 적이 있습니다. 자위대의 해외 파병 여부를 물었던 1990년 12월, 아사히신문 조사에선 반대가 67%였는데 비해, 요미우리신문은 '(파병을) 용인해야 한다'가 52%였습니다. 언론사의 성향이 달랐고, 질문내용이 달랐기 때문이었습니다.

여론조사 결과가 늘 제각각이어야 한다는 오해가 없었으면 합니다. 대다수 결과가 비슷할 경우 하나의 객관적 사실로 받아들여도 무방할 것입니다. 문제는 누가 봐도 상이한 방식으로 실시된 두 개 이상의 결과가 왜 비슷하지 않느냐고 따지는 경우입니다. 서로 상이한 결과가 왜 나왔는지 살피는 지혜와 여유가 필요하다는 점을 강조하고자 합니다.

신화 3: 출구조사는 정확하고 전화 여론조사는 부정확하다

지난해 6·2 지방선거에 이어 이번 서울시장 선거에서도 방송사 출구조사는 정확한 예측력을 자랑했습니다. 박 후보 54.4%, 나 후보 45.2%로 예측해 두 후보의 최종 득표율과 비교해 각각 1%포인트 오차를 보였습니다.

그러나 출구조사는 출구조사일 뿐입니다. 어떤 교수의 말씀처럼, 출구조사는 엄격한 의미의 여론조사가 아닙니다. 개표방송 초기에 속보성과 흥미를 더하기 위한 것입니다. 출구조사의 정확성이 여론조사의 신뢰성 제고에 도움을 주는 측면도 거의 없습니다. 따라서 "앞으로 여론조사기관들이 방송사 출구조사를 참고삼아 비용이 더 들더라도 정확한 여론조사를 하는데 힘을 기울여야 한다"는 권고는 부적절할 뿐 아니라 현실성 없는 얘기입니다. 신문사에서 출구조사를 실시해 보도한다는 게 가당키나 한 일입니까. 게다가 선거 전에 '비용이 더 들더라도 정확한' 출구조사를 실시한다는 게 말이나 됩니까.

출구조사가 정확하다는 것도 선거에 따라 다르기 때문에 성급한 결론을 내려선 곤란합니다. 1996년 이후 매 4년마다 실시된 네 번의 총선 출구조사는 한 번도 맞춘 적이 없습니다. 정확한 의석 수는 고사하고 구간(범위)으로 예측했을 때에도 맞추지 못했습니다. 심지어 1당을 거꾸로 예측한 적도 있고요. 정확성을 자랑하는 출구조사로 말입니다. 내년 총선에선 방송사가 전 지역을 대상으로 출구조사를 실시할 예정이지만, 아무도 함부로 정확성을 장담하지 못하고 있는 실정입니다.

사전 전화 여론조사의 부정확성에 대해서도 인식 전환이 필요합니다. 이번 서울시장 보궐선거 투표일 직전 몇몇 여론조사기관이 실시해 비공식적으로 보고한 전화 여론조사의 경우 예측력이 크게 개선됐습니다. 특히 집전화+휴대전화 RDD를 결합한 한국갤럽과 엠브레인의 결과는 출구조사엔 미치지 못하지만 나름 뛰어난 예측력을 보인 것으로 평가할 수 있습니다. 한국갤럽은 박 후보 52.2%, 나 후보 47.4%로 4.8%포인트, 엠브레인은 박 후보 52.5%, 나 후보 46.7%로 5.8%포인트 격차를 나타낼 것으로 예측했습니다.

비록 ARS를 통해 조사했지만, 리얼미터 조사결과도 괜찮은 편이었고요(박 후보 50.7%, 나 후보 47.6%).

출구조사에 비해 전화 여론조사가 더 정확하다는 억지를 부릴 생각은 없습니다. 출구조사의 상대적 우월성은 여러 차례 입증된 바 있습니다. 그러나 이 둘은 서로 비교대상이 아닙니다. 출구조사는 출구조사대로, 전화 여론조사는 전화 여론조사대로 이전 그것과의 비교를 통해서만 정확성 논의가 가능합니다.

신화 4: 잘못된 여론조사 보도 때문에 후보가 불리했다

선거 5일 전에 발표된 전국 단위 종합일간지 여론조사 결과가 이처럼 수치는 물론 지역과 세대별 경향성까지 틀릴 수 있을까. 그 결과로 여론이 동요했다면, 그 책임은 누가 질 것인가.

(미디어오늘, 11월 2일자)

한명숙 후보 측은 "여론조사 결과를 보고 유권자들이 아예 투표장에 가지 않는 바람에 졌다"고 아쉬워할 정도였다고 한다.

(기자협회보, 11월 2일자)

주지하듯 여론조사 보도가 유권자의 투표 행태와 후보 지지율에 미치는 영향력과 관련해선 두 가지 이론이 있습니다. '밴드웨곤(Bandwagon)' 효과와 '언더독(Underdog)' 효과가 그것입니다. 여론조사에서 1위로 나온 후보가 실제 투표에서 더 유리하다는 것이

전자라면, 2위 이하의 후보가 더 유리한 결과를 얻는다는 것이 후자입니다. 그러나 미국을 비롯한 선진국 학자들의 연구에 의하면, 어떤 유의미한 효과가 없다는 것이 대체적인 견해입니다. 기껏해야 유권자가 이미 갖고 있는 의견을 다소 보강해 주는 정도라는 얘기죠. 결국 여론조사 보도로 인한 유·불리 혹은 영향력은 존재하지 않거나 근거가 미약하다는 결론입니다.

그럼에도 불구하고 우리 정치권에선 아전인수식 해석이 난무하고 있습니다. 특히 선거에서 패배한 후보는 어떤 식의 여론조사 보도도 자신에게 불리했다고 주장합니다. 여론조사에서 1등이었다가 패배한 후보는 언더독 효과 때문에 졌다고 주장하고, 2등 이하였다가 패배한 후보는 밴드웨곤 효과 때문이라고 주장하는 식이죠. 여론조사에 대한 핑계는 여기서 그치지 않습니다. 1위와 2위 후보 둘 다 여론조사 때문에 자신의 지지자가 투표소에 덜 나왔다고 주장합니다. 즉, 1위로 나온 후보는 마음을 놓고 놀려가는 바람에 패배했거나 패배할 뻔했다고 주장하고, 2위 후보는 여론조사 때문에 자신의 지지자 상당수가 선거를 포기했다고 주장합니다.

위의 보도를 예로 들 수 있습니다. 미디어오늘의 경우, "최종적으로 박 후보가 당선됐는데, 나 후보가 우세하다는 보도 때문에 (밴드웨곤 효과가 나타나) 나 후보가 당선했거나 박빙을 펼쳤다면 누가 책임을 질 것인가"라는 협박성 질문을 하고 있습니다. 기자협회보가 전하고 있는 한명숙 후보 측의 주장은 이런 견해와 반대인 셈입니다. 즉, 오세훈 후보가 앞서고 있다는 여론조사 결과를 보고 이미 승부가 결정됐다고 생각한 자신의 지지자들이 투표소에 가지 않았기 때문에 졌다는 것입니다.

만약 지난해 6월 서울시장 선거에서 오 후보가 패배하고 한 후보가 승리했다면 여론조사에 대한 평계는 어떤 식으로 나타났을까요. 오 후보의 경우 자신이 1위로 나온 여론조사 때문에 한나라당 지지자들이 안심하고 투표소에 나오지 않아 패배했다고 불평했을 것입니다. 그럼, 한 후보는 어떤 반응을 보였을까요. 위의 미디어오늘 보도처럼, "오 후보가 우세하다는 보도 때문에 혹시 내가 패배했을 경우 누가 잘못된 여론조사에 대해 책임을 질 것인가"라고 질책하지 않았을까요. 이 경우에도 "여론조사 결과를 보고 유권자들이 아예 투표장에 가지 않았다"고 아쉬워했을까요.

여론조사 보도의 영향력이 없다고 주장하는 것이 아닙니다. 조사결과 공표를 법적으로 제한한 데에는 나름 근거가 있습니다. 문제는 자신의 유·불리에 따라 여론조사 보도의 영향력을 제멋대로 규정한다는 점입니다. 스스로에게 불리하다고 판단한 여론조사 보도가 모두 '잘못된' 것은 아니지 않습니까.

_ 2011. 12. 26

※ 이 글은 '관훈저널' 2011년 겨울호에 게재된 것으로, 중복 부분 삭제 등 다소의 편집 과정을 거쳤습니다.

‖‖‖‖‖
들쭉날쭉… 당연하다는 인식 필요

　비슷한 시기에 실시된 여론조사에서 나타난 지지율 차이로 인해 들쭉날쭉하다는 인식이 폭넓게 퍼져 있습니다. 누가 앞서는지 헷갈린다는, 심지어 그냥 달라서 문제라는 기사도 적지 않습니다. 그래서 여론조사는 믿을 수 없다고 생각하고 있고요. 비단 이번 서울시장 보궐선거에서만 그런 게 아닙니다. (자신들에게 불리한 조사만 문제 삼는) 일부 정치인과 이를 구별하지 못하는 언론의 잘못된 인식이 바뀌지 않는 한 '들쭉날쭉' 기사는 앞으로도 계속될 것입니다.

　동일 시기의 여론조사 결과가 서로 다른 이유는 여러 가지가 있습니다. 조사방식의 차이, 표본의 대표성 위기(혹은 문제), 낮은 응답률(조선일보 2011년 9월 28일자 5면의 '나경원 · 박원순 여론조사 들쭉날쭉… 왜'를 참고하십시오) 외에도 조사시기, 조사기관, 면접원 숙련 여부, 질문방식과 추가 질문 여부, 가중치 부여에 의한 데이터 처리방식 등 매우 다양합니다. 이러한 변수들을 제대로 통제하지 않을 경우, 서로 다른 여론조사의 결과에 차이가 있는 것이 오히려 당연하다는 인식이 필요합니다. 나아가 조사결과의 차이가 어떤 요인에 의해 유래됐는지를 살피는 지혜가 필요하기도 하고요.

5개 조사방식에 의한 지지율 차이

최근 연합뉴스와 한국정치조사협회 12개 회원사가 함께 조사한 결과를 예로 들 수 있습니다. 집전화 면접, 휴대전화 면접, 집전화 IVR(Interactive Voice Response; ARS의 또 다른 표기), 휴대전화 IVR, 온라인 등 5개 조사방식으로 서울시장 보궐선거 가상대결 지지율을 발표했습니다. 집전화 면접의 경우 나경원(한나라) 대 박원순(범야권 단일)이 35.2% 대 42.6%로 지지율 격차가 가장 작은 반면(7.4% 포인트), 휴대전화 IVR의 경우 33.1% 대 51.5%로 격차가 가장 컸습니다(18.4%포인트). 그렇다고 이들 조사결과를 놓고 들쭉날쭉하다고 말할 순 없지 않겠습니까.

물론 일반 국민들이 오해할 만한 수치가 보도되기도 합니다. 동일 일자, 즉 각각 17일 조사된 한국갤럽과 KSOI(한국사회여론연구소), 25~26일 조사된 미디어리서치와 코리아리서치 결과가 그렇습니다. 한국갤럽은 37.0% 대 45.8%(격차 8.8%포인트), KSOI는 46.8% 대 48.2%(격차 1.4%포인트)였고, 미디어리서치는 42.9% 대 50.8% (격차 7.9%포인트), 코리아리서치는 44.0% 대 45.6%(격차 1.6%포인트)였습니다. 그러나 이 경우도 일단 조사방식의 차이를 눈여겨봐야 합니다. 한국갤럽과 미디어리서치는 집전화 RDD로 했고,

KSOI와 코리아리서치는 집전화 면접방식을 사용했습니다. 시기 요인 등이 별도로 규명돼야 하겠지만, 당장은 조사방식 차이로 인해 조사결과가 상이한 것으로 잠정 결론을 내릴 수 있겠죠.

여기서 한 가지 지적할 것이 있습니다. 서로 다른 조사기관에서 나온 조사결과를 하나의 그래프로 처리해선 곤란하다는 점입니다. 조사결과를 어떻게 배치하느냐에 따라 나경원-박원순 두 후보의 지지율 격차가 좁혀졌다고 할 수도 있고 거꾸로 확대됐다고 할 수도 있기 때문입니다. 가령, 코리아리서치 조사결과를 나중에 배치하면 전자로, 미디어리서치 조사결과를 나중에 배치하면 후자로 해석되는 겁니다. 잘 아시겠지만, 지지율 추이를 제대로 살피기 위해선 동일 조사기관의 결과를 시계열적으로 비교해야 합니다.

서로 다른 조사기관 결과로 그래프 그려선 안 돼

그래도 차이가 너무 크면 곤란하지 않느냐고요. 예, 그렇습니다. 추석 이전 조사결과를 예로 들 수 있겠죠. TNS코리아가 7~8일 조사한 바에 따르면, 나경원 대 박원순 지지율이 38.1% 대 42.1%였습니다. 그러나 8일 엠비존에서 조사한 결과는 32.5% 대 51.6%로 지지율 격차가 매우 컸습니다.

엠비존이란 조사기관은 휴대전화 조사를 전문으로 하는 업체입니다. 용역을 의뢰한 방송사가 왜 갑자기 휴대전화 조사를 선택했는지 알 길이 없습니다. 여타 조사결과와의 차이 때문에 방송사 내부에서도 보도 여부를 놓고 고민했다는 후문이 있더군요. 집전화 조사를 믿을 수 없기 때문에 나온 조치로 보고 싶습니다만, 휴대전화 조사가 더 신뢰할 만하다는 증거가 없는 상황에서 불쑥 이런 조사결과를 내놓는 것은 이해할 수 없는 일입니다. 휴대전화 조사결과가 어떻게 나올 것인지 모르는 것도 아닐 텐데 말입니다.

_ 2011. 9. 29

투표율 여론조사 빗나갔는가

이번에도 예외가 아니었습니다. 여론조사에 대한 비난 말입니다. 지난해 6·2 지방선거, 지난 4·27 재보궐 선거에 이어 이번 서울시민 주민투표의 투표율 예측도 틀렸다고 보도하고 있더군요.

비난의 요지는 "꼭 투표하겠다" 혹은 "반드시 투표하겠다"는 '적극 투표층'과 실제 투표율 차이를 제대로 밝히지 않았다는 것입니다. 다시 말해 '적극 투표층=실제 투표율'이라고 보도했다는 얘기입니다. 그러면서 다음과 같이 조사기관의 적극 투표층 비율을 인용하고 있습니다.

7월 23일	미디어리서치	34.6%
8월 13~14일	코리아리서치	37.5%
8월 20일	동아시아연구원	38.3%
8월 22일	리얼미터	33.2%

자세한 언급은 생략하고 요지만 말씀드리겠습니다. 첫째, 투표일 이전의 조사는 그것이 어떤 것이든 당시 판세 혹은 상황에 불과할 뿐입니다. 투표 참여 의향 역시 마찬가지고요. 투표 한 달 전이든 투표 이틀 전이든 조사 당시의 생각을 수렴 전달하는 것이 여론조사입니다. 그럼에도 불구하고 투표 당일 얼마든지 마음이 바뀔수 있는 것이고요. 결국 적극 투표층 비율을 소개했을 뿐 어떤조사기관도 실제 투표율을 예측한 적이 없습니다.

둘째, 언론도 마찬가지입니다. '적극 투표층=실제 투표율'이라고 보도한 적이 없습니다. 대개 전문가의 입을 빌려, 실제 투표율은 적극 투표층 비율에서 10%포인트 가량을 빼면 될 것이라고보도했습니다. 투표율과 정확히 일치한 건 아니지만, 23~28%정도면 훌륭한 예측 아닙니까. "리얼미터 조사결과가 그나마 실제투표율에 가까웠다" "다른 조사에 비해 민심에 가까웠다"는 주장은 해당 언론사가 투표율을 예측하지 않았음에도 불구하고 마치예측한 것처럼 억지를 부리는 셈입니다.

셋째, 어떤 언론도 특정 수치로 투표율을 예상한 적이 없습니다. 왜냐하면 오차범위가 있기 때문입니다. 그럼에도 불구하고 투표율 예측이 틀렸다고 주장하는데… 도대체 각 언론사가 어떤 수치로 예측했고 또 얼마나 틀렸다는 얘기인가요. 다시 강조하지만, 여론조사는 투표율 25.7%를 맞추는 게임이 아닙니다. 만약 그런게임이라고 생각하는 분이 있으면, 오는 10월 26일 서울시장 재보궐 선거와 내년 4월 총선에 도전해 보시기 바랍니다.

트위터 등 소셜미디어가 정확히 예측했다고요

사족 같지만 한 마디 덧붙입니다. 블로그 및 트위터 사용자를 대상으로 여론을 분석한다는 업체 말입니다. 오세훈 시장과 무상급식 주민투표에 대한 부정적 여론이 시중에서 대세를 이루고 있다는 무책임한 주장을 했더군요. 이거 왜 이러십니까. 그런 사실을 SNS를 통해 꼭 분석해야 압니까. 그리고 트위터에서야 진작 알려진 사실 아닙니까.

그리고 주민투표에 참여한 서울시민 25.7% 모두가 오세훈 안에 대해 찬성했습니까. 나머지 시민들은 주민투표에 대해 부정적이었나요. 선별적 무상급식에 대해 반대한 겁니까. 개표 기준 투표율에 미치지 못할 것을 마치 예측했다는 듯이 자료를 배포했고 또 일부 언론이 마치 새로운 기법이나 되는 것처럼 엉터리 보도를 했더군요. 무책임한 자료를 배포한 SNS업체나 그것을 받아쓴 언론이나 그 나물에 그 밥인 셈입니다.

_ 2011. 8. 30

한나라 전대 선거인단 여론조사 응답률

이제야 드리는 말씀인데… 중앙일보가 2011년 6월 28일자 1면에 내보낸 한나라당 전당대회 선거인단 여론조사 보도에서 빠진 내용이 한 가지 있습니다. 이미 알고 있는 분도 계시겠지만… 응답률이 빠졌더군요.

아시다시피 최근의 전화 여론조사 응답률은 겨우 10%를 오르내리고 있습니다(퓨리서치센터의 최근 자료에 의하면, 이런 점은 미국에서도 비슷한 상황인가 봅니다). 27일자 1면에 실린 중앙일보-YTN-EAI-한국리서치의 일반 국민 여론조사 역시 응답률이 11.6%였습니다. 1,000명의 유효 응답을 얻어내기 위해 최소 10,000명에게 전화를 걸어야 한다는 얘기입니다. 이처럼 낮은 응답률 때문에 여론조사의 신뢰성을 의심하는 사람도 적지 않습니다.

그러나 중앙일보가 26~27일 실시한 한나라당 선거인단 여론조사의 응답률은 35.7%였습니다. 어떤 여론조사보다 높은 응답률이 나왔습니다. 응답률에 비례해 조사의 정확성이 높아지는 것은 아니지만, 신뢰할 만한 조사결과의 필요조건이 충족된 셈입니다. 게다가 21만 2,400명에 달하는 선거인단 명부를 입수해 체계적 (Systematic) 무작위 추출법으로 1,748명의 표본을 선정했기 때문에 매우 신뢰할 만한 조사가 이루어졌다는 말씀을 드릴 수 있습니다.

조사와 투표 시기 다른 점 감안해야

한나라당 대표와 최고위원 선출은 대의원·당원 선거인단(70%)과 일반 국민 여론조사(30%)를 합산해 결정됩니다. 언론에 발표된 국민 여론조사로는 중앙일보-YTN-EAI-한국리서치 그리고 한겨레가 단독으로 실시한 것 등 두 가지가 있었습니다. 또 선거인단을 대상으로 한 여론조사는 각 후보 진영에서 자체적으로 실시한 것이 있고, 한나라당이 선거인단 전원을 대상으로 조사해 8만 여 명이 응답한 조사결과가 있습니다. 원희룡 후보가 지금까지 별로 알려지지 않은 조사기관에 의뢰해 본인이 1등으로 나왔다는 조사결과도 있었고요.

여론조사기관 세 곳(한국갤럽, 미디어리서치, 현대리서치)이 실시한 조사결과와 선거인단 투표 결과는 7월 4일 오후 전당대회장에서 발표됩니다. 중앙일보 조사결과를 비롯해 어떤 여론조사가 더 정확했는지 평가가 이루어지겠죠. 노파심에서 말씀드리지만… 사전에 실시된 어떤 여론조사도 최종 투표결과를 맞추는 데에는 한계가 있습니다. 여론조사에는 선거인단의 전략적(?) 혹은 임의적 판단에 의한 '모름·무응답'과 거짓 응답이 포함될 수 있습니다. 게다가 당헌 개정 효력 정지 및 재의결 파문, 원희룡—유승민 등 후보 간 연대설 등이 새로운 변수로 추가됐습니다.

　　그러나 여론조사와 투표 결과가 다를 수밖에 없는 가장 중요한 이유는 사전에 실시된 여론조사의 조사시점과 실제 투표 시기가 다르기 때문입니다. 결국 어떤 조사기관이 더 정확했다는 평가는 그다지 의미가 없다는 겁니다. 물론 그럼에도 불구하고 실제 투표 결과와 차이가 크면 기분이 별로 좋지 않겠죠.

_ 2011. 7. 1

'정확한 여론조사' 환상에서 벗어나야

아직도 정신을 못 차리고 있습니다. 지난해 지방선거와 이번 4·27 재·보선 때 그렇게 당해놓고도 말입니다. 정치인을 비롯해 많은 사람들이 선거 여론조사에 대해 여전히 기대와 미련을 버리지 못하고 있습니다. (과연 그런 적이 있었는지 모르겠습니다만) 예전에 정확했던 여론조사가 왜 이렇게 자주 빗나가는지 안타깝게 생각하고 있습니다. 최근의 여론조사 '무용론(無用論)' 역시 '정확한 여론조사'라는 환상에 기반한 것이라고 봅니다.

단언컨대 여론조사로 선거 결과를 정확히 맞히는 것은 불가능합니다. 아무리 여론조사의 문제점을 개선하더라도 말입니다. 엄격한 기준에 따라 객관적·중립적으로 여론조사를 보도하더라도 마찬가지입니다. 정확성 환상에서 벗어나야 선거 여론조사의 문제점과 개선방안 도출이 가능합니다. 여론조사 보도의 개선방안 역시 이런 관점에서 출발해야 하고요.

"여론조사 빗나갔다"… '몰상식' 기사의 전형

첫째, 선거 여론조사가 투표결과를 정확히 맞혀야 한다는 환상에서 벗어나야 합니다. "여론조사 빗나갔다"는 기사는 몰상식(沒常識)의 전형입니다. 지난 4월 재·보선 직후 몇몇 언론의 다음과 같은 기사 제목을 예로 들 수 있습니다.

여론조사 무용지물… 신뢰성 다시 도마에

또 헛다리 여론조사… 예측결과 달라 무용론 제기

여론조사 결과… 별들에게 물어봐야 하나

헛다리짚은 여론조사 왜?

여론조사 또 빗나가… 왜?

또 빗나간 '널뛰기 여론조사'

이런 제목은 90년대 초반 이후 최근까지 선거가 끝날 때마다 정치면을 장식해 왔습니다. 앞으로도 선거가 있을 때마다 만나게 될 기사입니다(물론 지난해 지방선거 때의 방송사 '출구조사'처럼 예외도 있습니다. 그러나 지금 여기선 '여론조사' 얘기를 하고 있는 중입니다). 왜냐하면 현행 선거법 아래에서 실시되는 여론조사는 늘 틀릴 수밖에 없기 때문입니다. 설명의 편의를 위해 다음 두 가지 경우를 가정해 봅시다. 강원도지사 보궐선거에서 한나라당 엄기영 후보가 10%포인트 차이로 승리하는 경우와 민주당 최문순 후보가 1%포인트 차이로 승리하는 경우를 말입니다(이 사례는 재·보선 한 달 전 필자의 블로그

(blog.joins.com/scw1309) '신창운 전문기자의 여론다움'에 올린 글을 재인용한 것입니다).

〈사례 1〉 한나라당 엄기영 후보가 10%포인트 차이로 당선되는 경우

	D-30 ~ D-7	4월 27일 (D-Day)
A 여론조사	엄기영 40%, 최문순 30%	엄기영 50%, 최문순 40%
B 여론조사	엄기영 35%, 최문순 35%	

〈사례 2〉 민주당 최문순 후보가 1%포인트 차이로 당선되는 경우

	D-30~D-7	4월 27일 (D-Day)
A 여론조사	엄기영 40%, 최문순 30%	엄기영 45%, 최문순 46%
B 여론조사	엄기영 35%, 최문순 35%	

주지하듯 선거 여론조사 결과는 D-7일(4월 20일)까지 실시된 것만 발표 보도할 수 있습니다. 이 시기 이전에 실시된 여론조사와 최종 투표결과는 일치할 수도 있고 그렇지 않을 수도 있습니다. 엄 후보가 10%포인트 차이로 승리하는 첫 번째 사례의 경우, 다들 A 여론조사가 정확했다고 생각합니다. 두 후보의 지지율 격차가 없다고 발표한 B 여론조사는 틀렸다고 할 것이고요. 만약 최 후보가 1%포인트 차이로 승리하는 두 번째 사례가 현실화됐을 경우엔 거꾸로 B 여론조사가 정확한 반면 A 여론조사는 예측을 잘못한 것으로 평가받게 됩니다.

과연 이런 평가에 동의할 수 있습니까. 최종 투표결과와 투표

한 달 전 혹은 1주일 전 여론이 동일한 것이란 가정에 기반하지 않는 한 이런 평가에 동의해선 곤란합니다. D-30일에서 D-7일까지의 여론조사는 조사 시점의 여론, 즉 당시의 판세를 알아보기 위한 것이지 최종 결과를 예측한 것이 아닙니다. 가령, B 여론조사가 정확했다고 합시다. 다시 말해 4월 20일 현재 두 후보의 지지율 격차가 없다는 여론이 맞다고 합시다. 그렇다면 D-Day 때의 두 후보 지지율에 관계없이 B 여론조사가 늘 정확해야 하지 않습니까. 엄 후보가 이기든 최 후보가 이기든 상관없이 말입니다. 그러나 현실은 그렇지 않습니다. 위의 사례에서 확인할 수 있듯이 누가 승자인가에 따라 20일 당시 두 후보 지지율이 비슷하다는 여론조사가 맞을 수도 혹은 틀릴 수도 있는… '참으로 어처구니없는' 상황이 전개되고 있습니다.

게다가 대표성 있는 표본을 뽑고 엄격한 조사절차를 밟았다고 하더라도 여론조사 결과는 오차범위 내의 추정치 구간을 보여줄 뿐입니다. 하나의 수치를 통해 그 정확성을 평가하는 것이 아닙니다. 부동층, 즉 '모름·무응답'의 존재도 정확성 평가를 어렵게 합니다. D-7일 이전 여론조사에선 어떤 이유에서건 일정 비율의 부동층이 존재할 수밖에 없습니다. 그 결과 출마 후보 지지율의 합계가 70~80%에 그칩니다. 그러나 D-Day 때의 투표결과는 부동층이 없기 때문에 후보 지지율의 합계가 100%입니다. 결국 D-7일 이전 조사의 후보 지지율은 후보별 최종 득표율에 비해 늘 적을 수밖에 없습니다. 구조적으로 여론조사 지지율이 최종 득표율과 유사할 수 없다는 얘기입니다.

여론조사란 조사 시점의 단면을 보여줄 뿐입니다. 따라서 투표일 이전에 실시된 선거 여론조사의 정확성을 평가하고 싶다면, 현재의 선거법에 나와 있는 조사결과 공표 금지기간(D-7)을 없애거나 D-2 혹은 D-1일까지로 그 기간을 크게 단축해야 합니다. 그래야 여론조사의 예측 정확성을 말할 수 있습니다. 정확성을 높이기 위한 각종 기법이나 방안이 나올 수 있고 또 이에 대한 평가도 가능해집니다. 지금 상태로는 아무리 많은 시간과 비용을 투입해 R&D를 하더라도 그 효과 검증이 어렵습니다. 국회에서 입법을 추진 중인 휴대전화 여론조사 역시 마찬가지 운명이고요.

여론조사 '성악설' 벗어나야

둘째, 선거 여론조사는 원래 틀릴 수밖에 없다는 '성악설'에서 벗어나야 합니다. 여론조사를 가장 많이 활용했다가 지금은 무용론에 앞장서고 있는 민주당이 특히 그렇습니다. 민주당이 여론조사를 멀리하겠다고 다짐한 것은 한두 번이 아닙니다. 지난해 지방선거에서 드러난 여론조사의 신뢰성 문제가 결정적으로 작용했습니다. 한나라당이 크게 이기는 것으로 조사됐지만, 결과가 오히려 정반대로 나왔다는 것입니다. 특히 서울의 경우 한나라당 오세훈 후보가 선거운동 기간에 민주당 한명숙 후보보다 많게는 20%포인트 이상 앞선 것으로 조사됐지만 개표 결과는 0.6%포인트 차에 그쳤다는 것입니다.

앞서 언급한 강원도지사 보궐선거 사례와 마찬가지입니다. 만약 열흘 전 여론조사에서 오세훈-한명숙 후보의 지지율 격차가 미미하다고 발표했다면, 과연 정확하고 신뢰할 만한 조사였다고 말할 수 있을까요. 아마 민주당의 가정은 이럴 것입니다. "열흘 전 두 후보의 지지율이 이미 좁혀졌거나 비슷했는데 여론조사가 이를 잡아내지 못했다."고요 그래서 선거 여론조사를 신뢰할 수 없다는 주장입니다. 또 다른 가정은 "한나라당 오 후보가 투표 열흘 전까지 15~20%포인트 가량 앞섰는데, 막판으로 갈수록 민주당 한 후보가 선전해 투표일에 지지율이 비슷해졌다"는 겁니다. 필자의 가정은 물론 후자에 가깝습니다. 전자가 '여론조사 성악설(性惡說)'이라면, 후자는 '여론조사 성선설(性善說)'에 가까울 것입니다. 선거 여론조사라는 것이 원래 틀릴 수밖에 없다는 성악설 역시 '정확한 여론조사' 환상 때문에 생겨난 것으로 봐야 합니다.

여론조사 보도 "덜 엄격하게"

셋째, 여론조사 보도가 엄격해야 한다는 신화에서 벗어나야 합니다. 여론조사 보도 시 반드시 함께 공표해야 할 내용을 말하는 것이 아닙니다. 두 가지 점에 대해서만 간단히 언급하고자 합니다. 우선, 여론조사를 통해 발표 보도되는 수치가 오차범위를 가지고 있다는 점을 강조해야 합니다. 하나의 수치 대신 오차범위를 가진 추정치를 제공해야 합니다. 가령, '강재섭 45%, 손학규 54%'란 수치로 보도할 것이 아니라 (오차범위가 ±2%포인트일 경우) '강재섭 45±2%, 손학규 54±2%'로 예측해야 합니다. 결국 강재섭 지지율 예상치는 43~47%, 손학규 지지율 예상치는 52~56%로 표시하라는 얘기입니다.

영국 BBC의 경우엔 이것마저 제시하지 말라는 기준을 가지고 있답니다. 제목에선 수치를 빼고 그냥 '손학규 후보가 다소 앞선 상태'라는 정도로 말입니다. 표본추출과 관련해 통계적으로 계산 가능한 오차 외에 질문지 작성과 인터뷰(면접원 요인 포함), 데이터 처리 및 분석 과정에서 발생할 수 있는 비통계적 오차는 계산마저 불가능하기 때문입니다.

이와 관련해 소수점 이하 첫째 자리의 사사오입 표기를 다시 한 번 강조하고자 합니다. '강재섭 35.4%, 손학규 43.8%' 대신 '강재섭 35%, 손학규 44%'로 표기하자는 것이죠. 여러 가지 이유가 있습니다. 오차범위를 가지고 있는 추정치를 토대로 0.1%포인트 앞섰다는 어처구니없는 주장을 예방하자는 의도가 으뜸입니다. 또 특정 정당의 지지율 19.8%와 사사오입한 수치 20% 중 19.8%가 더 정확하다는 주장은 근거가 없습니다. 전수조사를 하지 않는 한 아무도 알 수 없기 때문이죠. 또 19.8%에서 27.9%로 지지율이 상승했을 경우 이를 제대로 기억해 말하는 사람도 드뭅니다. 20%에서 28%로 8%포인트 상승했다고 하면 충분하지 않습니까. 미국과 유럽 등 여론조사 선진국에서도 대부분 소수점 이하를 표기하지 않고 있습니다.

선거 여론조사와 관련한 각종 개선방안과 대안 검토가 무용한 것으로 오해되지 않았으면 합니다. 선거 여론조사의 정확성을 무시하거나 방치하자는 것도 아닙니다. 지속적인 관심과 개선 노력이 절실합니다. 지난해 지방선거 실패 이후부터 새로운 표본추출 방식으로 소개돼 널리 안착된 RDD(Random Digit Dialing, 임의번호 걸기)를 예로 들 수 있습니다. 문제는 어떤 새로운 방안을 내놓더라도 여론조사의 정확성을 담보하기가 쉽지 않다는데 있습니다.

'결과 맞히는 것' 아니라 '민심 혹은 분위기 파악'

결론적으로 민심 혹은 분위기를 파악해 전달하는 여론조사의 본래 기능에 충실하자는 것입니다. 4·27 재·보선으로 돌아가 볼까요. 투표일을 하루 이틀 앞두고 분당을, 김해을, 강원도 등 세 곳 모두 승자를 예측할 수 없는 박빙이란 전망이 우세했습니다. 한나라당과 민주당 모두 3:0 패배를 말할 정도였죠. (비록 보도되지 않았지만) 그런 예상을 하는데 막판 여론조사가 크게 기여했습니다. 여론조사의 기능은 그 이상도 이하도 아닙니다. 다시 강조하지만… 특정 후보가 1~2%포인트 앞섰다거나 그것을 놓고 누가 더 잘 맞혔다고 주장하는 것은 선거 여론조사의 정확성 평가와 무관하다고 봐야 합니다.

'누구나 그리고 아무나' 여론조사를 실시하고 있습니다. ARS(자동응답기) 기계 한 대만 들여놓으면 혼자서도 가능하다고 생각합니다. 여론조사에 대한 비판 역시 '누구나 그리고 아무나' 하고 있습니다. "여론조사 빗나갔다"는 사람들 역시 여기에 포함되고요. 두세 시간 개표하면 당선자를 알 수 있는데… 결과를 맞추지도 못하면서 왜 돈 들여 여론조사를 하느냐는 사람들도 대개 그렇습니다.

이들 대다수가 여론조사의 정확성 환상에 빠져있다고 감히 장담합니다. 여기서 빠져나오는 것이 선거 여론조사 문제점 개선의 출발점이어야 합니다.

_ 2011. 6. 1

※ 이 글은 '신문과 방송' 2011년 6월호에 게재된 것입니다.

‘여론조사 빗나갔다’는 몰상식

여론조사 무용지물… 신뢰성 다시 도마에

또 헛다리 여론조사… 예측결과 달라 무용론 제기

여론조사 결과… 별들에게 물어봐야 하나

헛다리짚은 여론조사 왜?

여론조사 또 빗나가… 왜?

또 빗나간 ‘널뛰기 여론조사’

굳이 설명하지 않아도 알만한 제목들이죠. 매체 이름을 밝히고 싶지만… 생략하겠습니다. 재·보궐선거 여론조사와 실제 득표율이 달랐다는, 그래서 또 여론조사가 틀렸다는 기사 제목입니다. 제 블로그를 통해 이런 기사가 예상된다고 이미 썼습니다(2월 20일자 ‘여론조사 성악설 대 성선설’, 3월 24일자 ‘재보선 여론조사의 정확성’을 참고하십시오). 앞으로도 선거가 끝날 때마다 만나게 될 기사입니다.

현행 선거법 아래에서 실시되는 여론조사는 늘 틀릴 수밖에 없기 때문이죠.

위의 제목과 인식은 어쩌면 여론조사에 대한 무지, 아니 상식 부족에 다름 아닙니다. 길게 말씀드리지 않겠습니다. 왜 여론조사가 빗나갔습니까? 보름 전 혹은 열흘 전 여론이 득표율과 다른 것이 왜 이상합니까. 1주일 전 여론이 투표일 여론과 같으면 정확히 예측한 것입니까, 여론조사가 빗나가지 않은 것입니까. 여론조사 고유의 문제점이 없다고 주장하는 것이 아닙니다. 1주일 전 여론으로 투표일 여론을 정확히 예측해야 한다는 주장에 대해 문제를 제기하는 것입니다.

강원도지사 선거를 예로 들어봅시다. 한나라당 엄기영 후보가 민주당 최문순 후보를 10~20%포인트 가량 앞선 여론조사가 대부분이었습니다. 그 이후 어떤 일이 벌어졌습니까? 불법 콜센터에서 홍보활동을 하던 아주머니들이 마치 피의자처럼 얼굴을 가리고 펜션을 나오는 장면이 보도됐습니다. 우리 사회 지도층급 인사들이 부산저축은행의 영업정지 사전 혹은 사후에 불법적으로 인출을 했다는 뉴스가 있었습니다. 분당을선 70년대식 마타도어가 횡행했고요. 모두 막판 여론에 적지 않은 영향을 미쳤습니다. 그 결과 박빙을 넘어 최 후보가 당선되기에 이르렀고요.

선거 보름 혹은 1주일 전에 최 후보가 엄 후보를 근소하게 이기고 있다는 여론조사 결과가 정확한 것일까요. 보름 혹은 1주일 전 여론으로 후보를 뽑는 것은 아니지 않습니까. 투표 1주일 이전에 조사한 결과는 어떤 것이 맞는지 아무도 알 수 없습니다. 정확성을 검증할 수 있는 자료나 결과가 없기 때문이죠. 휴대폰 조사를 얘기하는 사람이 있지만… D-7일까지 조사한 결과만 발표할 수 있는 현행 선거법 상황에선 아무 소용없는 일입니다.

정확성 평가는 '출구조사'를 대상으로

여론조사의 정확성 평가에 대한 무지, 혹은 상식 부족은 출구조사를 바라보는 시각에서 확인할 수 있습니다. "여론조사 빗나갔다"는 상식에 맞지 않는 기사에 비해 당일 출구조사가 빗나갔다는 상식에 대해선 아무도 문제를 제기하지 않고 있습니다. 심지어 '출구조사 적중'이란 제목을 단 기사도 있더군요. 주지하다시피 분당을 출구조사 결과는 '강재섭 44.5%, 손학규 54.2%'로 지지율 격차가 9.7%였고, 최대 허용 오차범위는 ±1.7%포인트였습니다. 실제 득표율은 '강재섭 48.3%, 손학규 51.0%'로 지지율 격차 2.7%포인트였고요. 오차범위를 고려하면 1~2위 후보의 지지율을 정확히 예측하지 못했습니다.

투표에 참가한 유권자를 대상으로 실시한 출구조사는 득표율이란 검증 가능한 자료를 통해 정확성을 체크할 수 있습니다. 1위 후보만 맞히는 것은 정확성 평가 중 극히 일부에 불과합니다. 가령, 지난 대선 때 (지지율 수치에 관계없이) 이명박 한나라당 후보가 승리할 것이라고 예측한 여론조사를 정확했다고 할 수 있겠습니까. 아시다시피 이 후보는 2위였던 정동영 민주당 후보보다 여론조사 지지율이 2배 이상 앞섰습니다. 그런 점에서 분당을 출구조사가 왜 틀렸는지 그 원인과 대응책을 취재한 기사가 없는 것은 유감입니다.

마지막으로 꼭 강조할 것이 하나 있습니다. 선거만 끝나면 자신들의 여론조사가 정확했다고 자랑하는 사람이나 기관이 있습니다. 과연 여론조사를 정확성으로 평가할 수 있을까요. 주지하다시피 여론조사 결과는 모집단 중 일부인 표본을 대상으로 했기 때문에 오차범위를 가진 추정치에 불과합니다. 가령, '강재섭 45%, 손학규 54%'라는 수치로 예측하는 것이 아니라 (가령, 오차범위가 ±2%포인트일 경우) '강재섭 45±2%, 손학규 54±2%'로 예측하는 것입니다. 결국 강재섭 지지율 예상치는 43~47%, 손학규 지지율 예상치는 52~56%입니다. 해당 지지율 범위 안으로 득표율이 나오면 맞힌 것이고, 그렇지 않으면 틀린 것입니다.

여론조사의 정확성을 무시하거나 방치하자는 것이 아닙니다. 민심, 즉 분위기를 파악해 전달하는 여론조사의 본래 기능에 충실하자는 것입니다.

재보궐선거 당시로 돌아가 볼까요. 투표일을 하루 이틀 앞두고 분당을 김해을 강원도 등 세 곳 모두 박빙이라는 얘기가 우세했습니다. 한나라당과 민주당 모두 3:0 패배를 말할 정도였죠. 그런 예상에 막판 여론조사가 기여하지 않았습니까. 여론조사의 기능은 그 이상도 그 이하도 아닙니다. 다시 강조하지만… 특정 후보가 1~2%포인트 앞섰다거나 그것을 놓고 누가 더 정확했다고 주장하는 것은 여론조사의 정확성 평가와 무관할 뿐 아니라 여론조사의 정확성 제고에도 별로 기여하지 못할 것입니다.

_ 2011. 5. 1

여론조사 성악설 대 성선설

내년 총선과 대선을 앞두고 공천개혁방안을 마련 중인 민주당 개혁특위가 '여론조사 경선'을 폐기하는 쪽으로 가닥을 잡고 있답니다. 국회의원 후보의 경우 국민과 당원 경선을 통해 뽑는 방안을 검토한다는군요. 〈연합뉴스〉 보도에 따르면, 민주당 개혁특위가 여론조사 경선을 배제키로 한 이유는 세 가지였습니다. 각각의 이유에 대한 제 생각을 간단히 정리했습니다. 비판적 시각에서 말입니다.

1) 지난 6·2 지방선거에서 드러난 여론조사의 신뢰성 문제가 결정적으로 작용했다. 한나라당이 크게 이기는 것으로 조사됐지만, 결과는 오히려 정반대로 나왔다. 특히 서울은 한나라당 오세훈 후보가 선거운동 기간에 민주당 한명숙 후보보다 많게는 20%포인트 이상 앞선 것으로 조사됐지만 개표 결과는 0.6%포인트 차에 그쳤다.

가장 중요한 이유라고 생각합니다. 민주당 입장에서 더욱 그렇겠죠. 현재의 (집)전화 여론조사가 신뢰할 만하다고 주장할 의도는 없지만, 분명히 해둬야 할 것이 있습니다. 대부분의 여론조사 결과는 투표 열흘 전쯤 조사해 투표 7일 전에 보도한 것입니다. 그런 여론조사 결과로 투표 결과를 정확히 맞히는 것이 오히려 이상하지 않습니까. 만약 열흘 전 여론조사에서 오세훈-한명숙 후보의 지지율 격차가 미미하다고 발표했다면… 과연 정확하고 신뢰할 만한 조사였다고 말할 수 있을까요.

열흘 전 여론조사로 투표 결과 정확히 예측했다면…

두 가지 가정(假定)을 할 수 있겠죠. 민주당의 가정은 이럴 겁니다. "열흘 전에 이미 두 후보 지지율이 좁혀졌거나 비슷했는데 여론조사가 이를 잡아내지 못했다." 그래서 여론조사를 신뢰할 수 없다는 주장이겠죠. 또 다른 가정은 "한나라당 오세훈 후보가 투표 열흘 전 20%포인트 가량 앞섰는데 막판으로 갈수록 민주당 한명숙 후보가 선전해 투표일에 지지율이 비슷해졌다." 제 가정은 물론 후자에 가깝습니다. 민주당의 가정이 '여론조사 성악설'이라면, 제 가정은 '여론조사 성선설'에 가깝겠죠.

2) 공천 단계에서 진행되는 여론조사가 단순한 인지도 조사에 그친다. 지역에 이름이 알려진 전·현직 의원이나 단체장 출신 인사 등이 높게 나올 수밖에 없다. 이와 관련, 민주당의 일부 여론

조사 경선에서 수도권에선 '노무현 전 대통령', 호남에선 '김대중 전 대통령'이란 이름이 경력 소개에 포함됐느냐 여부가 결정적 변수로 작용한 것으로 알려졌다.

공천 단계에서 진행되는 여론조사가 인지도 조사에 그친다는 것은 맞습니다. 여론조사라는 것이 원래 그런 것이니까요. 그런 맹점을 가지고 있기 때문에 여론조사 결과를 그저 '참고로만' 사용하라는 겁니다. 전문가들의 꾸준한 권고에도 불구하고 각 당에선 여론조사 결과를 공천의 '결정적 자료'로 사용해 왔습니다. 전·현직 의원이나 단체장 출신에게 유리했기 때문이겠죠. 신진 인사를 배제하기 위한 핑계거리로 여론조사만한 것이 없었다는 반증 아닌가요. 그래 놓고 이제 와서 여론조사 탓을 하고 있습니다. 설마 기득권을 포기하겠다는 뜻은 아니겠죠.

응답률 높으면 좋고 낮으면 나쁘다는 근거 있는가

3) 현행 여론조사는 응답률이 지나치게 낮고 휴대전화 사용자인 20~30대 표심도 반영하지 못하고 있다. 특히 낮은 응답률을 역이용, 대규모로 집전화를 일괄 개통해 여론조사에 개입할 수 있다는 점도 맹점이다.

응답률 높낮이에 따른 여론조사 결과의 신뢰성 여부는 어떤 입증자료도 없습니다. 그저 "같은 값이면 다홍치마"라는 격입니다. 응답률에 대한 오해도 한 몫하고 있죠. '응답률 20%'를 유효 표본 1,000명 중 200명이 응답했다는 수치로 오해하는 것이 그것입니다. 휴대폰 사용자인 20~30대 표심 미반영에 대해서도 일견 타당하지만, 현행 여론조사가 20~30대 표심을 반영하지 않는 것이 아니므로 설득력이 약합니다.

낮은 응답률을 역이용해 대규모로 집전화를 일괄 개통해서 여론조사에 개입할 수 있다는 점은 민주당 쪽이 착안해 널리 활용해 왔습니다. 불법은 아니지만 과거의 유권자 동원방식에 다름 아니었습니다. 여론조사 공천 방식의 맹점을 교묘히 이용해놓고 이제 와서 그 효용성이 사라지자, 즉 누구나 다 아는 방식이 되었기에 폐기해야 한다는 겁니다.

여론조사 공천이나 경선을 무조건 찬성한다는 얘기가 아닙니다. 여론조사 본래의 취지를 살리는 방향으로 활용할 경우, 즉 개선의 여지가 얼마든지 있습니다. 여론조사가 퇴출 대상이 아닙니다. 공천과 경선 승리를 위해 어떤 방법도 불사하겠다는 정치권의 잘못된 관행이 퇴출 대상이어야 합니다.

_ 2011. 2. 20

제3장

여론조사 보도가 더 문제

"박 대통령 좋게 얘기하는 사람 없는데"

가까운 친구 혹은 회사 주변에서 이런 얘기를 하는 사람이 가끔 있습니다. "내 주위엔 박 대통령에 대해 좋게 얘기하는 사람을 찾아볼 수 없는데, 어떻게 국정수행 지지율이 60%가 나올 수 있냐"고요. 그 중에선 심지어 여론 조작을 하는 건 아니냐고 의심의 눈초리를 숨기지 않는 사람도 가끔 있습니다.

대학을 졸업한 40~50대 화이트칼라 입장에서 볼 때 박 대통령 지지율이 턱없이 높을 수 있을 겁니다. 그러나 시골에 계신 우리 조부모 혹은 부모 입장에선 60%대 지지율이 오히려 낮을지도 모릅니다. 결국 누굴 기준으로 하느냐에 달려 있는 셈이죠. 정치적 이슈뿐 아니라 일상생활에서도 그렇지만, 다른 사람의 입장을 생각하고 또 이해 공감하는 여유가 필요하다고 봅니다. 나와 다른 사람들이 우리 주위에 적지 않음을 보여주는 여론조사 관련 사례를 몇 가지 더 소개하고자 합니다.

1987년 제13대 대통령 선거 때의 일입니다. 당시 공무원과 군인들은 대부분 노태우 후보를 지지했습니다. 적어도 겉으로 말입니다. 화이트칼라들은 김영삼 후보, 대학생들은 김대중 후보를 전적으로 지지했고요. 지역적으로 충청도에선 김종필 후보에 대한 지지가 다른 지역을 압도했습니다. 각 집단별로 모의투표를 해보면 늘 결과가 뻔했습니다. 노태우 후보 당선으로 최종 개표 결과가 나오자 화이트칼라와 대학생들은 부정선거가 아니냐고 외쳤습니다. 자신들이 속한 집단에선 노태우의 '노'자도 나온 적이 없었으니 말입니다. 그러나 한국갤럽 여론조사에선 양김(兩金)의 분열로 인해 투표일 훨씬 이전부터 노 후보가 유력한 것으로 나오고 있었습니다.

한나라당 대선 후보 경선을 앞두었던 2006년 말 혹은 2007년 초였습니다. 유력 대선 후보였던 이명박 당시 서울시장이 강원도 시골마을을 방문했는데, 어떤 할머니가 "이명박 얼굴 좀 보자"고 하더랍니다. 바로 자신 앞에 서있는 이 후보를 보고 말입니다. 그런 시골 할머니도 여론조사 대상자로 포함되어야 하고 또 유권자의 한 사람이란 현실을 받아들여야 합니다. 어떻게 대한민국에서 이명박 얼굴을 모르는 사람이 있느냐고 함부로 말해선 곤란하다는 얘기입니다.

새로운 이슈나 사건이 발생하면 긴급 여론조사를 실시하곤 합니다. 지난 2일 민주당과 안철수 의원의 새정치연합이 공동 선언한 통합신당 창당 추진처럼 말입니다. 아마 "주변에 박 대통령을 좋게

얘기하는 사람이 없다"는 분은 통합신당에 대해 "처음 듣는다"고 답하면 무슨 소리냐고 반문할 것입니다. "에이, 어떻게 그것도 모르냐"고 한심해 하면서 말입니다. 2014년 3월 3일 실시한 중앙일보 여론조사에서 "(통합신당 창당 선언에 대해) 오늘 처음 듣는 얘기"라는 답변이 24.5%였습니다. 나이 든 할아버지 할머니들만 그렇게 답했을 거라고 생각하면 오산입니다. 60세 이상은 22.8%가 처음 듣는다고 했습니다. 그런데 놀라지 마십시오. 스마트폰을 끼고 살면서 포털이나 각종 앱으로 온갖 정보와 뉴스를 실시간으로 접한다는 20대 중 39.1%가 처음 듣는다고 답했습니다. 다름 아닌 우리 아들딸과 조카들의 얘기입니다.

이해하기 힘들겠지만, 통합신당 지지율은 설명 여부에 따라 차이가 있습니다. 가령, 이런 식입니다. "지난 주 민주당과 안철수 새정치연합이 함께 신당을 만들기로 했는데요, OO님께선 새누리당, 통합신당, 통합진보당, 정의당 등의 정당 중 어느 정당을 지지하십니까"라고 물어보면, 앞의 설명을 통합신당에 대한 것으로 받아들이지 않는 사람들이 있습니다. 대신 "현재 우리나라에는 새누리당, 민주당과 안철수 의원의 새정치연합이 함께 만들기로 한 통합신당 그리고… OO님께선 어느 정당을 지지하십니까"라고 물으면 통합신당에 대한 설명이 충분해집니다. 결국 두 질문에서 나타난 통합신당 지지율 격차는 약 10%포인트 가량이었습니다.

그러니 제발 말조심해야 합니다. 시골에 가서 혹은 어르신 앞에서 "박 대통령 좋게 얘기하는 사람이 없는데… 어떻게 그렇게 높은 지지율이 나올 수 있냐"고 함부로 말해선 곤란합니다. "통합신당을 어떻게 처음 들어보느냐"고 무심히 반문하는 것도 마찬가지입니다. 당신 앞에 당신의 아들과 딸이 앉아 있을지도 모르니까 말입니다.

_ 2014. 3. 6

‖‖‖‖‖
전국 1,000명으로 16개 지역 판세?

평소 우려했던 설 민심 여론조사가 없었지만, 연휴 직전 30일자로 몇몇 언론사가 여론조사 결과를 보도했습니다. 그 중 하나가 '서울·인천·충남·강원 민주 단체장들 강세'라는 제목의 기사입니다. "지난 25~26일 전국 1,000명을 대상으로 실시한 여론조사"라고 했네요. (전적으로 여론조사에 의존한 건 아니지만) 1면 톱은 물론 4~6면 등 무려 4개 면을 장식했습니다. 그러나 이 여론조사 보도는 허망한 수준을 넘어 절망적입니다.

첫째, 전국 1,000명으로 16개 광역단체장 판세를 분석했습니다. 가령, 제주지사 분석은 1% 전후의 표본, 즉 10명 내외로 분석한 겁니다(기사가 유료로 묶여 있어 표본 크기를 확인할 수 없습니다). 수도권과 함께 관심 지역인 광주와 전남·북 각각의 표본은 30여명에 불과할 겁니다. '안 신당 광주·전북, 민주 전남 우위'(5면)라고 제목을 뽑았는데, 오차범위 ±18%포인트일 경우 (안 신당과 민주당)

후보의 격차가 36%포인트 이상이라야 하는데… 어떻게 위와 같은 제목이 나올 수 있었을까요. '민주 단체장 강세'란 1면 기사 제목에 나오는 강원 역시 30명 미만이고, 충남도 40여명에 불과합니다.

　기사를 작성한 기자는 이런 한계점을 잘 알고 있습니다. 정당 후보 지지도를 보면, 광주와 전북에서 안 신당 후보가 각각 15.2%(안 34.5%, 민 19.3%)와 10.4%포인트(안 31.3%, 민 20.9%) 앞서고 있고, 전남에선 민주당 후보가 14.2%포인트(민 36.6%, 안 22.4%) 앞서고 있습니다. 그럼에도 "오차범위를 고려하면 어느 당이 확실하게 앞서 있다고 하긴 어렵다"고 했습니다. 표본이 적다보니… 어느 한 쪽이 15%포인트 가량 앞서더라도 우위라고 말할 수 없는 상황이었기 때문이죠. 그럼에도 불구하고 이 기사를 토대로 우위라는 제목을 뽑는 어처구니없는 일이 발생한 겁니다.

　한국갤럽이 '데일리 오피니언'의 지난 주 전국 1,007명 조사 보도 자료엔 강원(31명)과 제주(11명) 수치가 없습니다. 표본이 50명 미만이기 때문입니다. 이런 원칙을 적용할 경우 서울 · 경기 · 인천 등 수도권 3곳과 부산 · 경남 · 경북 등 영남권 3곳을 제외한 나머지 10개 지역 수치는 전혀 의미가 없습니다. 가장 규모가 큰 서울 · 경기 두 곳마저 250명 미만으로 그저 참고 수치에 불과하고요. 한 번 살펴보십시오. 요즘은 지방 언론에서도 특정 지역을 분석할 때 300명 미만의 표본이 있는지 말입니다.

보도 준칙 생략해 선거법 위반

둘째, 여론조사 보도 준칙을 위배했습니다. 선거법 108조에 의하면 "누구든지 선거에 관한 여론조사의 결과를 공표·보도하는 때에는 조사 의뢰자와 조사기관·단체명, 피조사자의 선정방법, 표본의 크기(연령대별·성별 표본의 크기 포함), 조사지역·일시·방법, 표본오차율, 응답률, 질문내용, 조사된 연령대별·성별 표본 크기의 오차를 보정한 방법 등을 함께 공표 보도"하도록 되어 있습니다. 그러나 이 신문의 1면과 4~6면 어디를 봐도 이런 보도 준칙을 찾아볼 수 없습니다. 명백히 선거법을 위반한 셈입니다.

엄연히 여론조사 전문기자가 활동하고 있는 소위 메이저급 신문사의 여론조사 보도가 이렇습니다(이 기사엔 석연치 않은 이유로 여론조사 전문기자가 참여하지 않았다고 합니다). 언론 종사자는 물론이고 학계와 업계 관계자, 나아가 국민들이 지켜보고 있는데 말입니다. 이런 어처구니없는 보도가 비단 여론조사에 한정된 것일까요. 그렇지 않을 겁니다. 감히 단언컨대 아무리 여론조사가 발전하더라도 치유할 수 없는 한국 언론의 본질적 문제에서 이런 사태가 기인한 것이라고 봅니다. 따라서 유사한 형태의 잘못된 여론조사 보도가 향후 반복될 가능성이 얼마든지 있다고 생각합니다.

_ 2014. 2. 4

▌▌▌▌▌
여론조사 옥석 구분 못하는 청와대

'고교생 69%, 한국전쟁은 북침'(서울신문 2013년 6월 11일자 1면)이란 제목의 기사가 갑자기 화제로 떠올랐습니다. 박근혜 대통령이 17일 오전 청와대 수석비서관회의에서 이에 대해 언급했기 때문입니다. 연합뉴스 등이 보도한 내용은 다음과 같습니다.

> 얼마 전 언론에서 실시한 청소년 역사인식 조사결과를 보면, 고교생 응답자의 69%가 6·25를 북침이라고 응답한 충격적 결과가 나왔다. (교사가) 교육현장에서 역사를 왜곡하는 것은 절대로 있어선 안 된다. (중략) 한탄스럽게도 학생들의 약 70%가 6·25를 북침이라고 한다는 것은 교육현장의 교육이 잘못된 것이란 걸 보여주는 단면이 아닌가 생각한다.

다 자세한 사항을 알 길이 없지만, 만약 이 기사대로라면 참으로 한심하기 짝이 없습니다. 여론조사(결과)를 골라내고 또 활용하는 청와대의 안목 말입니다. 쓰레기나 마찬가지인 여론조사를 1면에 버젓이 싣는 언론사도 문제지만, 어떻게 그런 여론조사를 제대로 가려내지 못한 채 대통령이 인용 언급하도록 방치할 수 있습니까. 대통령이 언급했다고 여론조사에 대한 검증도 없이 무비판적으로 보도하거나 심지어 사설로 다룬 여타 언론사도 한심하긴 마찬가지 겠죠.

서울신문 · 진학사가 실시 보도한 '청소년 역사인식' 조사의 문제점에 대해선 여기서 재론하지 않겠습니다. 상식과 기본을 무시한 여론조사이기 때문에 논의할 만한 가치도 없다고 판단했습니다. 혹시 궁금한 분들은 〈오마이뉴스〉 6월 17일자 '북침 남침 헷갈린 아이들, 박 대통령은 오버', 〈민중의소리〉 6월 18일자 '역사왜곡 질타 박근혜 대통령… 설문업체 온라인 조사일 뿐 당혹' 등을 참고하시기 바랍니다(한겨레신문 등 소위 진보 언론에서 추가 보도가 이어지고 있습니다).

조사방법, 설문내용 등 상식 어긋난 여론조사 인용

2008년과 2012년 두 번의 미국 대선을 정확히 맞춘 통계 전문가 네이버 실버(Nate Silver)가 지난해 9월 〈The Signal and the Noise: Why So Many Predictions Fail—But Some Don't〉라는 책을 출간했습니다. Silver가 자신의 저서를 통해 전달하고자 하는 메시지는 최근의 빅데이터 시대를 맞아 의미하는 바가 적지 않습니다. 정보가 많아진다고 해서 예측이 더 쉬워지는 것이 아니란 겁니다. 진실된 정보인 '신호'와 이를 방해하는 '소음'을 분리해 잡아내야 한다고 지적했습니다(이 책은 2014년 7월 〈신호와 소음〉이란 제목으로 번역 출간됐습니다).

'여론조사'라는 명패만 붙이면 모두 여론조사인가요. 아무나 아무렇게나 '여론조사'를 실시 보도해도 그것을 여론조사라고 믿어야 할까요. 적어도 여론조사의 경우… 상식으로만 판단하더라도 신호와 소음을 쉽게 구분할 수 있다고 감히 생각합니다. 여론조사(결과)와 같은 비교적 단순하고 가벼운 이슈의 옥석도 가리지 못하는데, 훨씬 더 복잡하고 엄중한 국가적 이슈를 어떻게 제대로 다룰 수 있을지… 괜히 쓸데없는 걱정을 해봅니다.

_ 2013. 6. 18

Back to the Trend

18대 대선 정국이 살얼음판을 걷고 있습니다. 매일 발표되는 여론조사 결과를 놓고 박근혜, 문재인, 안철수 세 캠프의 일희일비가 반복되고 있습니다. 추석 민심만 해도 그렇습니다. 거의 모든 언론이 세 후보 지지율이 들쭉날쭉하다는 기사를 내보내고 있습니다. 어떤 조사에선 특정 후보 지지율이 떨어졌는데, 또 다른 조사에선 왜 올랐느냐는 지적이 흔히 나오고 있고요.

사정이 이렇다보니 3자 대결 및 양자 대결에서 어떤 후보가 얼마나 앞서고 있는지에 대해 함부로 얘기하기가 어렵습니다(물론 매일의 여론조사에 입각해 후보 지지율의 오르내림을 얘기하고, 또 분석과 해설까지 곁들이는 분들도 없지 않습니다만). 단 하나의 예외가 있다면… 3자 대결에서 새누리당 박근혜 후보가 민주통합당 문재인 후보와 무소속 안철수 후보를 앞서고 있다는 정도입니다. 이마저 얼마나 앞서고 있는지 장담할 수 없고요.

	추석 이전	추석 이후
A 조사	48	50
B 조사	46	44
C 조사	42	44
D 조사	38	40

가령, 특정 후보의 지지율이 위의 4개 조사처럼 나왔다고 할 경우… 추석 이후 해당 후보의 지지율이 44%일까요, 아니면 50% 혹은 40%일까요. 전문가들은 '조사기관 효과(House Effect)', 즉 질문 문항 구성 및 내용 등의 차이 때문이라고 지적하지만, 왜 이리 들쭉날쭉 하느냐고 묻는 분들에겐 여전히 짜증스러울 수밖에 없을 것입니다. 한 가지 팁을 드리면, A 조사와 D 조사의 추석 이후 지지율 차이는 '모름·무응답' 비율의 차이에서 기인했을 가능성이 큽니다.

후보 지지율과 '모름·무응답'의 차이

여론조사라는 게 원래 그렇습니다. 지난 번 대선 때도 들쭉날쭉 했고, 2010년 지방선거와 2012년 4월 총선 때도 마찬가지였습니다. 현재의 여론조사를 통해 우리가 알 수 있고 감히 얘기할 수 있는 것은 단 한 가지, 즉 세 후보의 지지율 추세뿐입니다. 위의 4개 조사의 경우 B 조사만 지지율이 소폭 내렸는데 비해 나머지 3개 조사에선 소폭 올랐습니다. 현재의 정확한 지지율은 알 수 없지만, 추석 이전과 비교해 특정 후보 지지율이 소폭 상승했다는 잠정적 결론만이 가능합니다. 물론 최종 승자를 예측하는 막판 여론조사에선 추세 대신 정확성을 담보해야겠지만 말입니다.

다시 말씀드리지만, 왜 어떤 조사에선 지지율이 50%인데 또 다른 조사에선 40%냐는… 그래서 왜 이리 들쭉날쭉 하느냐는 질문은 어떻게 보면 당연하지만 여론조사를 이해하는 사람에겐 우문에 가깝습니다. 지지율이 50%면 해당 후보의 당선이 유력하고, 40%면 어려운 거 아니냐고 묻는 것도 마찬가지고요(참고로 개별 지지율 격차보다 추이를 더 중시해야 한다는 견해에 대해선 연합뉴스 2012년 10월 10일자 '미 대선 판세 정확히 읽으려면'이란 기사를 참고하십시오).

_ 2012. 10. 10

▮▮▮▮▮
추석 민심은 없다

너도나도 추석 민심에 기대를 걸고 있습니다. 추석을 거치면서 이전에 비해 자신의 지지율이 큰 폭으로 오를 것이란 희망 섞인 기대 말입니다. 박근혜·문재인·안철수 세 후보 캠프 모두 그런 바람을 가지고 있을 것입니다.

여기에 정치평론가와 기자들까지 가세하고 있습니다. 어떤 신문을 보니 추석 민심이 역대 대선 때마다 '풍향계' 역할을 했다고 하더군요. 그러면서 "특히 새누리당 박근혜 후보는 5년 전 추석 직전 당내 경선에 나선 이명박 후보에게 역전 당한 아픈 기억이 있다"고 썼더군요. 전혀 잘못된 얘기가 아니지만, 선진국민연대와 같은 사조직을 동원한 이 캠프 쪽의 활동에다가 추석 직후 북한이 강행했던 핵실험 등 지지율 역전의 구체적 요인이 있었습니다. 또 5년 전인 2007년이 아니라 6년 전인 2006년 추석 직후의 일입니다.

잠깐 엉뚱한 얘기로 빠졌는데… 추석 민심 변화에 대해 너무 기대를 걸지 않는 것이 좋겠다는 말씀을 드리고자 합니다. 역대 대선이 있던 해의 추석 전후에 실시됐던 여론조사에서 그런 점이 입증되고 있습니다.

역대 대선 때의 추석 전후 지지율 거의 변화 없었다

2007년 17대 대선이 있던 해의 추석은 9월 25일이었습니다. 중앙일보가 9월 17~19일 실시한 여론조사에서 한나라당 이명박 후보는 56.3%로 대통합민주신당 정동영(11.0%)과 손학규(7.2%) 예비 후보에 비해 크게 앞서고 있었습니다. 이런 추세는 추석 이후에 실시된 중앙일보 조사에서 그대로 유지됐습니다. 9월 27~29일 여론조사에서 이명박 55.2%, 정동영 9.7%, 손학규 6.8%였습니다. 한 해 전에 실시된 한나라당 후보 경선 때 이미 승부가 기울었다고 생각했을지 모르겠습니다.

2002년 16대 대선이 있던 해의 추석은 9월 21일이었습니다. 한국갤럽이 9월 9일 실시한 여론조사에서 한나라당 이회창 후보 30.2%, 민주당 노무현 후보 20.4%, 무소속 정몽준 의원 27.3%였습니다. 추석 직후인 22일 실시된 한국갤럽 조사에서도 이런 추세에 큰 변화가 없었습니다. 이회창 31.3%, 노무현 16.8%, 정몽준 30.8%. 추석을 거치면서 지지율에 별다른 변화가 없었는데, 3위였던 노 후보가 대통령에 당선됐으니… 함부로 대선 승자를 장담할 일이 아니란 생각이 듭니다.

중앙일보가 지난 21~22일 실시한 대선 정례(7차) 여론조사에 나타난 빅3 후보의 삼자 대결 지지율은 다음과 같습니다. 박근혜 43.3%, 안철수 31.8%, 문재인 20.4%. 또 박근혜 대 안철수의 양자 대결 지지율은 47.4% 대 49.8%, 박근혜 대 문재인의 양자대결 지지율은 51.9% 대 44.8%. 추석 직후의 민심이 어떻게 바뀌어 있을지 중앙일보 여론조사를 통해 함께 확인해 보시죠. 추석 전후 민심 변화 체크는 동일한 언론사 혹은 동일한 조사기관의 결과를 활용 비교해야 한다는 거 잊지 마시고요.

명절 연휴 때 조사해야 '추석 민심'?

그럼, 이제부터 18대 대선을 앞둔 추석 민심에 어떤 변화가 있었는지 살펴보겠습니다. 본격적인 논의에 앞서 한 가지 말씀드릴게 있습니다. 추석 민심을 명절 연휴 기간 동안 조사하는 정성에 대해 어떻게 생각하십니까. 민족 대이동 시기에 말입니다. 해가 갈수록 해외 여행객이 늘어나고 있다고 했고, 게다가 올해는 개천절인 3일까지 쉬는 직장이 적지 않았습니다.

(이미 예상하긴 했지만) 일부 언론의 속보 경쟁에 그저 감탄할 따름입니다. 그들에게 있어서 여론조사의 신뢰성이나 정확성이 고려 대상이었던 적이 있을까요. "틀리는 여론조사를 왜 돈을 들여 실시해야 하는가"라고 반문했다기에 혹시나 했었는데… 기어이 명절 조사를 실시했더군요. 설마 안철수 후보 출마 선언 이후 'MBC · 조선 · 동아는 왜 대선 여론조사를 하지 않았는가'라는 일부의 지적에

대해 응답하는 차원에서 무리하게 실시한 건 아니겠죠.

언론사도 그렇지만, 명절 연휴에 면접원을 동원해 조사를 실시한 여론조사기관은 또 뭔가요. "돈 주고 시키면 어떤 조사든 다한다"는 걸까요. 2002년 노무현-정몽준 단일화 여론조사를 할 수 없다고 버텼던 메이저 조사기관의 경험은 한때의 치기에 불과했던 걸까요. '어떤 조사든 할 수 있다'는 행태는 마이너 조사기관에게 양보해야 하는 거 아닙니까. 지금도 여전히 마이너이고 싶은 겁니까, 아니면 마이너 때의 향수를 아직도 잊지 못하고 있는 겁니까. 노-정 단일화 여론조사야 '사명감'이라도 있었다고 할 수 있겠지만…

각설하고 본론으로 돌아가겠습니다. '추석 민심'이란 게 따로 있는지 모르겠지만, 추석 이전에 비해 어떤 변화가 있었는지가 핵심 아니겠습니까(이런 점을 고려할 때 추석 이후 실시한 조사에서 이렇게 지지율이 나왔다고 단순히 보도하는 건 '절름발이' 보도에 해당합니다). 다음은 조사기관 세 곳이 발표한 '박근혜 대 안철수', '박근혜 대 문재인'의 추석 이전과 이후의 지지율 수치를 비교한 것입니다.

		추석 이전	추석 이후
박근혜 대 안철수	미디어리서치	41 대 50	45 대 47
	리서치앤리서치	44 대 47	41 대 49
	한국리서치	41 대 51	40 대 50
박근혜 대 문재인	미디어리서치	45 대 46	46 대 46
	리서치앤리서치	48 대 42	43 대 46
	한국리서치	42 대 48	44 대 47

기대했던 만큼의 큰 변화가 없었던 것 같습니다. (우리도 방송이나 신문에서 이런 식으로 보도하면 좋겠는데…) 지지율 수치에서 소수점 이하 첫째 자리를 사사오입하면, 추석 민심 변화를 한 눈에 파악할 수 있습니다. 그저 오차범위 내에서 미미한 오르내림이 있었을 뿐입니다. 과거 대선 때도 그랬고요. 특히 올 대선에선 '모름·무응답'까지 크게 줄어들어 사사로운 이슈로는 지지율이 꿈쩍도 하지 않을 것입니다.

기대했던 '추석 민심' 없었다

이렇게 정리했는데도 불구하고 박근혜·안철수·문재인 세 후보의 현재 지지율이 얼마냐고 묻는 사람이 꼭 있습니다. 다시 말씀드리지만, 세 후보의 정확한 지지율과 이들 간의 지지율 격차는 아무도 알 수 없습니다. 우리가 알 수 있는 건 여론조사, 그것도 동일 언론사 혹은 동일 조사기관의 여론조사 전후 비교를 통한 지지율 추세 정도입니다. 다만 위에서 언급된 조사기관 세 곳의 결과를 종합하면… 박근혜 대 안철수 양자 대결 지지율은 40~45% 대 47~50%, 박근혜 대 문재인 양자 대결 지지율은 43~47% 대 45~47%입니다. 대략 안 후보가 박 후보를 오차범위 내외에서 앞서고 있고, 박 후보와 문 후보는 오차범위 내에서 접전으로 보면 될 거 같습니다.

_ 2012. 10. 4

매일의 지지율에 열광하는 그대에게

이번 18대 대선부터 매일 여론조사를 실시해 지지율 결과를 발표하는 곳이 생겼습니다. 한국갤럽은 올 1월부터 매일 300명 내외의 유권자를 대상으로 휴대전화 RDD 조사를 실시해 1주일 단위로 지지율 수치를 발표하고 있습니다. 리얼미터에선 집전화(80%)와 휴대전화(20%)를 섞어 IVR(Interactive Voice Response)방식으로 일 단위 지지율 결과를 발표하고 있고요. 리서치앤리서치도 아산정책연구원의 후원을 받아 매일의 지지율 수치 발표에 동참하고 있습니다. IVR과 인터넷 조사 비중이 크게 늘어난 미국처럼 우리도 일간 단위의 경마식 여론조사 보도가 엄연한 현실로 다가온 셈입니다.

그러나 지금까지 관행적으로 이루어져왔던, 즉 서로 다른 조사기관의 결과를 한데 묶어서 경마식으로 보도하는 일은 줄어들 것 같습니다. 동일 조사기관이 일 단위 지지율을 발표하니까 굳이 다른 조사기관의 그것과 섞을 필요가 없겠죠. 비난을 하면서도 관심을 표명하는 것이 지지율인데, 적어도 그 추이를 살피는데 있어선 이전보다 훨씬 유리해졌습니다.

기자 입장에선 특히 환영할 만합니다. 하루가 멀다 하고 발생하는 각종 정치 이슈와 사건의 영향력을 즉각적으로 체크할 수 있고 또 기사에 반영할 수 있으니까요. 가령, 안철수 원장의 대선 출마 선언으로 인한 지지율 변화가 궁금할 텐데… 내일 발표될 일간 여론조사에서 바로 확인할 수 있겠죠. 물론 아무도 그 정확성을 장담할 수 없는 수치이겠지만 말입니다.

표본 적고 조사방법 신뢰성도 부족

여론조사 입장에선 우려할 만한 일이 적지 않습니다. 과연 정확한 지지율 수치가 산출될 수 있을까요. 가령, 한국갤럽의 경우 300명 내외에 불과한데… 일 단위 표본 숫자가 너무 적습니다. 전체 지지율은 몰라도 지역별 수치는 대표성이 떨어질 수밖에 없습니다. 적은 표본의 한계를 극복하기 위해 (월요일부터 금요일까지의) 일간 단위 조사결과를 1주일 단위로 묶어 지지율 수치를 산출하고 오차범위를 계산하는 것도 억지에 가깝습니다. 이런 식으로 한 달 치 조사결과를 묶어 발표할까봐 걱정입니다(그런데 실제로 그런 일을 시도하더군요). 당일과 직전 이틀(한국갤럽) 혹은 당일과 하루 전날(리얼미터)의 지지율을 이동 평균해 발표하는 수치 역시 한계가 있습니다.

조사방법의 신뢰도 역시 장담하기 어렵습니다. IVR이 면접원 직접 통화방식에 비해 어떤 장점이 있는지, 또 휴대전화만을 통한 조사가 집전화+휴대전화 조사만큼의 신뢰도를 갖고 있는지 장담할 수 없습니다. 자동응답시스템 방식의 문제점에 대해선 여기서 재론치 않겠지만, 학계와 조사업계 등 대다수 전문가들이 해당 조사결과를 인정하지 않고 있습니다. 그리고 집전화만을 통한 표본 확보에 한계가 있다는 것을 인정한다면, 휴대전화만을 통한 표본 커버리지(Coverage)에도 비슷한 문제점이 있음을 인정해야 할 것입니다.

일 단위 여론조사에 대해 한 가지 문제를 제기하고자 합니다. 즉, 하루 단위 지지율 변화에 대해서입니다. 어느 정도의 수치 변화가 가능할까요. 이슈와 사건에 따라 가능할 수도 있겠지만, 5%포인트 이상의 지지율 수치 변화는 거의 불가능하다고 봅니다. 대개의 경우, 후보별로 1~2%포인트 이내의 미미한 수치 변화가 이루어질 것입니다. 게다가 만약 지지율이 변화했다면, 어떤 단일 요인에 의한 것이 아니라 매우 다양한 요인이 중첩적으로 작용했을 것입니다. 가령, 내일 발표될 조사에서 안철수 후보 지지율이 오르고 박근혜·문재인 후보 지지율이 내린다면, 그 원인이 단지 안 후보의 출마 선언 때문일까요. 1~2%포인트 이내의 지지율 수치 변화는 실제적 오르내림에 의할 수도 있지만, 방법적 측면과 비표집오차(Non-sampling Error) 등에 기인한 것일 수도 있습니다. 그런데… 정작 문제는 아무도 그것을 알 수 없다는데 있습니다.

여론조사 증가와 영향력은 반비례

경마식 여론조사에 대한 오랜 비판에도 불구하고 조사결과 수치가 늘어나는 것은 좋은 일입니다. 그러나 조사결과 수치가 많아진다고 해서 반드시 여론조사의 영향력이 커지는 게 아니란 점을 명심하기 바랍니다. 미국 듀크대(Duke University) 교수인 선샤인 힐리거스(Sunshine Hillygus)는 최근 'Public Opinion Quarterly' 논문을 통해 "투표 행동을 이해하는데 있어서 여론조사만큼 뛰어난 것이 없지만, 여론조사의 탁월성이 눈에 띄게 줄어들고 있다"면서 "여론조사 실시 횟수가 크게 늘어난 것과 동시에 여론조사의 영향력도 그만큼 감소하고 있다"고 말했습니다. 이번 대선 때부터 부쩍 늘어난 여론조사 일간 지지율 보도를 보면서 한국도 마찬가지가 아닐까라는 생각을 했습니다.

우리가 접하는 데이터가 크게 늘어났다고 해서, 즉 빅데이터 시대가 도래했다고 해서 이를 활용한 예측이 더 잘 맞는 게 아니란 점도 염두에 둬야 합니다. 네이트 실버(Nare Silver)는 자신의 저서에서 "정보의 양이 늘어나는 만큼 유용한 정보가 함께 늘어나는 것은 아니"라고 했습니다. 우리가 접하는 정보의 대부분이 그저 소음(Noise)일 뿐이기 때문이죠. 예측에 필요한 유용한 신호(Signal), 즉 객관적 진리의 양은 아무리 정보가 많아지더라도 상대적으로 일정하다고 합니다.

일일 단위의 지지율 수치가 실버의 구분방식에 따른 '신호'인지 혹은 '소음'인지에 대해선 추가 논의가 필요할 것입니다. 분명한 건 만약 그것이 신호로 분류된다고 하더라도 그 한계를 인식하고 또 인정해야 좀 더 정확한 추이 파악과 예측에 이를 수 있을 것입니다(이와 관련해선 실버의 〈신호와 소음〉(2014) 중 특히 서론과 2장을 참고하시기 바랍니다).

_ 2012. 9. 19

‖‖‖‖‖
'주폭' 인지도에 대한 상반된 보도

병이나 잔에 담긴 물질이 절반인 경우를 놓고 표현하는 두 가지 방법, 즉 "절반이 비어 있다"와 "절반이 차 있다"는 관점에 대해선 익히 알고 계실 겁니다. 동일한 현상을 달리 해석하는 이런 관점은 여론조사에서도 심심치 않게 나타나곤 합니다. '주폭(酒暴)'과 관련된 한국갤럽의 여론조사에 대한 최근의 두 가지 보도가 그런 사례에 속합니다.

연합뉴스 2012년 7월 11일자 보도는 아직 우리 국민들이 '주폭'이란 단어를 잘 모르고 있다는 시각에 입각한 것입니다. "성인 절반 이상 '주폭'이 무슨 뜻이죠"가 기사 제목입니다. 다음은 기사 내용이고요.

"경찰이 '주폭' 척결에 나섰지만 우리나라 성인의 절반 이상은 '주폭'이라는 단어를 모르거나 생소하게 느낀다는 여론조사 결과가 나왔다.

11일 한국갤럽조사연구소에 따르면 지난 2~3일 성인 606명을 상대로 조사한 결과 '주폭'이란 단어를 '음주 폭력'이라는 의미로 '알고 있다'는 응답자가 49.7%, '모른다'는 응답자가 50.3%였다. '우리 사회 주폭 문제가 심각하다'는 답변은 86%, '술에 취했더라도 형을 깎아주면 안 된다'는 답변은 94%였다.

　　한국갤럽은 "주폭 문제를 효과적으로 알리려면 우선 주폭이라는 단어의 인지도를 높이고, 필요하면 좀 더 쉬운 표현을 찾아야 할 것"이라고 지적했다. 이번 조사는 휴대전화 임의전화걸기(RDD) 방식으로 이뤄졌고, 표본오차는 95% 신뢰수준에서 ±4.0%포인트다."

"인지도 높여야" 대 "국민 절반이 안다"

　　그러나 '주폭'이란 단어를 만들어낸 쪽에선 이런 기사와 시각에 대해 수긍할 수 없었을 겁니다. 단기간에 우리 국민 절반이 알고 있는 단어가 됐는데, 무슨 소리냐는 거겠죠. 그래서 나온 것이 조선일보 7월 12일자 보도입니다. '생소했던 단어, 酒暴 이젠 국민 절반이 안다'가 제목입니다. 다음은 기사 내용이고요.

　　　우리나라 국민 10명 중 8명 이상이 '우리 사회의 주폭(酒暴) 문제가 심각하다'고 생각하는 것으로 조사됐다.
　　　한국갤럽은 지난 2일부터 3일까지 이틀간 전국 만 19세 이상 남녀 606명에게 '주폭에 대한 인식조사'를 벌였다. 조사 결과 '우리 사회

음주 폭력의 심각성'에 대해 응답자의 51.6%가 '매우 심각하다', 34.4%가 '어느 정도 심각하다'라고 답했다. 전체 응답자의 86%가 주폭 문제의 심각성에 공감한 것이다. 특히 20~30대의 젊은 층이 주폭 문제를 심각하게 인식했다. 20대 응답자의 91.6%, 30대 응답자의 90.6%가 '주폭 문제가 심각하다'고 답했다. 40대는 82.8%, 50대는 85.8%, 60대 이상은 79.9%가 주폭 문제가 심각하다고 답했다. 술에 취한 상태에서 저지른 범행의 처벌에 대한 질문에는 응답자의 94%가 '술에 취했더라도 형을 깎아줘서는 안 된다'고 답했다. 그동안 생소했던 '주폭'이라는 단어에 대해서도 이미 국민 절반 정도가 알고 있는 것으로 나타났다. 이번 설문조사 방식은 휴대전화 RDD(임의번호 걸기 · Random Digit Dialing)로, 전화 조사원이 무작위로 생성된 휴대전화번호로 직접 전화를 걸어 인터뷰했다.

어떤 단어에 대해 우리 국민 절반이 알고 있을 경우… 생소한 것일까요, 아니면 많이 알려진 것일까요. "팔이 안으로 굽는다"는 말 들어보셨죠. 단어를 만들어내고 널리 전파됐으면 하는 쪽에선 "절반이나 아는 것이 어디냐"는 입장이겠지만, 단어 생성 및 전파와 무관한 쪽에선 "이게 도대체 무슨 말이냐"는 입장일 겁니다.

결국 누가 조사했는지, 또 누가 보도했는지에 따라 동일한 여론조사가 독자에게 서로 다르게 전달될 수 있다는 얘기입니다. 올 대선 여론조사 보도에서도 이런 일이 벌어지지 말란 법이 없지 않겠습니까. 제가 너무 비약이 심했나요.

_ 2012. 7. 13

‖‖‖‖‖
경제민주화 프레임과 여론몰이

대선처럼 전국적인 선거에선 프레임(Frame)이 중요합니다. 우리말로 '구도'라고도 하죠. 각종 이슈나 쟁점, 사건 등을 유권자들이 어떤 생각의 틀에 따라 판단하느냐가 후보 선택에 결정적으로 영향을 주기 때문입니다(구도의 중요성에 대해선 전영기 전 중앙일보 편집국장의 〈2007년 대선 승자는 누구인가〉와 조지 레이코프 교수의 〈코끼리는 생각하지 마〉를 참고하십시오).

본격 선거 국면이라고 말하긴 아직 이르지만, 여야 정당과 후보 캠프에선 이미 대선 프레임 짜기에 나서고 있습니다. 새누리당과 박근혜 후보 캠프가 선점하고자 애쓰고 있는 '경제민주화' 이슈를 예로 들 수 있습니다. 다음은 중앙일보 2012년 7월 4일자에 나와 있는 신용호 정치부 차장의 칼럼 '김종인과 이한구'입니다(이 칼럼 역시 '경제민주화' 프레임 짜기에 기여했다고 생각해 좀 길지만 전문을 인용합니다).

2007년 8월 '이명박-박근혜'의 격전 후 김종인이 박근혜에게 전화를 건다. "고생하셨죠. 식사 한번 하시죠." 박근혜가 응한다. 아쉬운 경선 패배 뒤였다. 패했지만 과감한 경선 승복은 성과였다. 그걸 보고 김종인이 만나자고 했다. 당시 민주당 의원이었던 그에게 박근혜가 들어왔던 것이다. 김종인은 그때 "지길 잘했다. 정치를 시작한 지 10년도 안 되지 않느냐. 준비를 더 하시라. 그럼 훌륭한 대통령이 될 거다"란 말을 했다. 그게 박근혜에게도 다가왔나 보다. 두 사람은 그 뒤로 가끔 만나 얘기를 나눈다. 지난해 12월 한나라당 비상대책위원회에 김종인이 들어오게 된 것도 다 그 인연이다.

김종인은 박근혜계 핵심 신주류다. 경선 캠프에서 공동선대본부장을 맡는다. 서강대 교수를 지낸 그는 노태우 정부에서 청와대 경제수석을 지낸 경제통이다. 겉모양이 그와 닮은 이가 있다. 이한구 원내대표다. 그도 박근혜계 핵심이다. 별명이 '박근혜 경제교사'다. 박근혜와 자주 만나 경제 정책을 논의했다 해서 붙여진 이름이다. 박근혜의 싱크탱크인 국가미래연구원의 유일한 현역 의원 멤버이기도 하다.

두 사람이 지난 2일 거칠게 충돌했다. 경제민주화에 대한 견해차 때문이다. 같은 박근혜계 경제통이지만 김종인은 경제민주화를 앞세운 재벌개혁론자요, 이한구는 경제민주화를 지지하는 보수적 시장론자다. 그렇다면 박근혜는 과연 두 사람의 충돌에서 누구의 손을 들어줄까.

결과는 짐작이 가능하다. 김종인의 비대위 시절을 살펴보면 된다. 총선을 앞둔 당이 위기일 때 그의 역할이 컸다. 그는 MB 정부의 핵심 인사인 이재오 공천을 대놓고 반대했다. 또 당 정강정책에서 보수 삭제를 주장했다. 심지어 이명박 대통령의 탈당도 종용했다. 웬만한 심장으론 하기 어려운 주장이었다. 결과적으로 박근혜가 이 사안 중 받아들인 건 하나도 없다. 하지만 효과는 컸다. 새누리당을 졸지에 이명박 정부와의 단절과 보수 삭제를 고민하는 당으로 만들었다. 박근혜는 그 과정에서 이명박계를 감싸 안는 모양새를 연출했다. 총선 승리에 그 같은 포장이 도움이 안 됐을까.

김종인은 이번 대선의 승부를 경제민주화 논쟁에서 내려는 것 같다. 그 첫 퍼포먼스 대상이 이한구였던 거다. 하지만 이한구도 만만치 않았다. "재벌 대변자"라는 김종인의 공격에 "그럼 재벌을 해체하자는 말인가"로 받는 되치기가 날카로웠다. "추상적인 경제민주화 얘기만 말고 구체적인 각론을 제시하라"는 주장도 설득력 있다. 결국 박근혜는 누구의 손도 들어주지 않을 거다. 둘의 논쟁이 치열하면 치열할수록 자신에게 해가 될 게 없기 때문이다. 오히려 그러면 그럴수록 대선에서 경제민주화 논쟁은 새누리당 프레임으로 짜일 것이고, 국민은 새누리당이 경제민주화를 깊게 고민하는 당으로 각인할 것이다. 김종인이 노리는 것도 비대위 시절과 같은 효과를 내는 것 아닐까 싶다. 박근혜가 거친 말을 직접 하지 않고도 운신의 폭은 한층 넓어지는 그런 구도 말이다.

경제민주화가 필요하지 않다면…

프레임 선점을 위한 이러한 시도와 비슷하지만 다소 성격이 다른 움직임도 있습니다. 소위 '여론몰이'가 그것입니다. 우리 국민 10명 중 8명이 적정한 소득 분배와 재벌 개혁을 골자로 하는 경제민주화가 필요하다고 답했다는 여론조사를 실시하고 이를 언론에 배포했습니다. 새누리당 경제민주화실천모임이란 곳에서요. 이런 구태의연한 방식으로 어떻게 대선을 치르겠다는 것인지 걱정스럽습니다.

그러나 노파심에서 한 가지 말씀드리고 싶은 게 있습니다. 여론몰이라는 구태의연한 방식이 프레임 선점 효과와 궁합이 잘 맞다는 점입니다. 게다가 이 두 가지 요소는 한국 언론의 행태와 매우 높은 친화력을 가지고 있습니다. 즉, 프레임 형성 초기엔 여러 가지 복잡한 요소들 가운데 특정 부분만 선택 강조해 일정한 방향으로 유도하는 '과잉 단순화(Oversimplification)'가 이루어집니다. 그 이후엔 여론조사나 인터뷰 등을 통해 논쟁적 이슈가 특정 방향으로 사회적 합의가 형성됐다는 '동의 조작(Manufacture of Consent)'을 작동시킵니다.

주제를 벗어났기에 더 이상의 추가 논의는 생략하겠습니다. 다만 여기선 서울경제신문 2012년 7월 4일자 사설 '여론몰이로 치닫는 경제민주화'를 소개하는 것으로 여론조사의 문제점 지적을 대신하겠습니다.

새누리당이 국민 대부분이 경제민주화에 찬성한다는 내용의 설문 조사 결과를 내놓았다. 당내 의원단체인 경제민주화실천모임이 외부 전문기관을 통해 성인남녀 1,000명을 대상으로 조사했더니 국민의 79%가 경제민주화가 필요하다고 응답했다는 것이다. 대선 후보를 선택할 때 경제민주화를 중요한 기준으로 삼겠다는 의견은 86.9%에 달했고 대형마트를 강제로 쉬게 해야 한다는 응답도 95%에 이르렀다고 한다. 새누리당 강경파는 절대 다수의 국민들이 경제민주화를 지지하는 만큼 여론을 등에 업고 재벌개혁 정책을 밀어붙이겠다는 분위기다.

하지만 설문조사의 내용이나 방식을 들여다보면 공정성과 객관성이 의심스러운 대목이 한둘이 아니다. 설문에서는 최근 논란을 빚고 있는 헌법 119조 2항에 명시된 내용을 따로 떼어놓고 제멋대로 경제민주화로 포장해 설문 대상자들에게 입장을 밝히라고 압박하고 있다. 대한민국 국민이라면 적정한 소득분배와 경제력 남용 방지라는 헌법정신에 반대할 사람이 얼마나 있을까 되묻지 않을 수 없다. 애초부터 원하는 정답을 유도하기 위해 만들어진 편의적 조사의 성격이 짙다.

새누리당은 당내에서 경제민주화에 대한 개념조차 정립되지 않아 경제통을 자처하는 인물들 간에 볼썽사나운 입씨름이 벌어지고 있다. 원내대표조차 경제민주화가 뭔지 모르겠다며 질문을 해대는 판국에 국민들을 상대로 설문조사까지 했다니 어처구니없는 일이다. 대기업의 순환출자나 출자총액제한 제도처럼 일반인들에게 난해한 정책에 대해서도 찬성과 반대라는 도식적인 질문을 통해 90% 이상의 답변을 이끌어낸 것 또한 그저 놀라울 따름이다.

이러다 보니 당내에서 응답자들이 질문을 제대로 인식하고 있었는가 하는 문제 제기까지 나왔다고 한다. 그런데도 조사 결과를 굳이 공개한 것은 무책임한 행위이다. 내부 참고용 정도로 해야 할 어설픈 조사 결과를 만천하에 펼쳐놓으면 국민을 오도하기 십상이다. 국민들은 선거를 앞두고 백가쟁명식 주장만 난무하는 경제민주화에 벌써부터 피로감을 느끼고 있다. 새누리당은 무책임한 여론몰이로 표를 얻겠다는 궁리에만 골몰할 게 아니라 벼랑 끝에 몰린 서민경제 살리기 대책을 고민해야 한다.

_ 2012. 7. 4

▌▌▌▌▌

서울시장 여론조사에 대한 오해

　2011년 10·26 서울시장 보궐선거가 끝나면서 여론조사를 둘러싸고 또 다시 낡은 레퍼토리가 되풀이되고 있습니다. 최종 득표율 혹은 출구조사 결과와 사전 전화 여론조사에 차이가 있다는 겁니다. 제발 그런 무식한 보도가 자제됐으면 하는 바람을 여러 차례 밝혔음에도 불구하고 어김없이 '흘러간 옛 노래'가 들려오고 있습니다. 한둘이 아니라서 일일이 사례를 들기도 그렇습니다. 그 중에서 10월 29일 케이블 채널을 통해 방영된 모 신문사 논설위원의 주장을 소개합니다.

　10·26 서울시장 보궐선거 결과 여론조사의 문제점이 다시 한 번 드러났습니다. 선거를 앞두고 실시된 각 언론사의 여론조사는 대부분 무소속 박원순 후보와 한나라당 나경원 후보 간의 박빙 승부를 예측했습니다. 일부 조사에서는 나경원 후보가 이긴다는 결과가

제3장 여론조사 보도가 더 문제 139

나왔고, 심지어 나 후보가 10%나 앞선 것으로 조사된 여론조사도 있었습니다. 그러나 막상 투표함을 열어보니 박원순 후보가 53.4% 대 46.2%로 크게 이겼습니다. 선거 전에 실시한 대부분의 여론조사가 오차의 한계를 넘어선 치명적인 오류를 보여준 겁니다.

그동안 선거가 있을 때마다 들쭉날쭉한 여론조사 결과 때문에 이미 여론조사의 신뢰도는 크게 떨어진 상황이었습니다. 이 때문에 이번 선거를 앞두고 컴퓨터가 무작위로 전화번호를 생성해 전화를 거는 RDD 방식이나 집전화와 휴대전화를 함께 조사하는 방식까지 도입했지만 정확도는 크게 늘어나지 않았습니다. 여론조사는 선거뿐만 아니라 기업 마케팅이나 정부 정책을 세우고 점검하는 데도 이용되기 때문에 정확도가 무엇보다 중요합니다.

여론조사의 정확도를 높이는 방법과 관련해서는 방송 3사의 출구조사 결과를 참고할 만합니다. 방송 3사의 출구조사는 박원순 후보가 54.4%, 나경원 후보가 45.2%를 득표해 박 후보가 압승할 것이라고 예상했습니다. 오차가 1%포인트밖에 나지 않은 매우 정확한 예측이었습니다. 그러면 어떻게 이런 정확한 조사가 가능했을까요. 방송 3사는 서울 시내 50개 투표소에서 투표를 마치고 나오는 유권자 1만 2,000명에게 현장에서 조사용지를 배포한 뒤 수거하는 방식으로 조사를 했습니다. 표본을 크게 늘리고 정확하게 조사하려는 타깃을 집중 조사해 정확도를 높인 겁니다. 앞으로 여론조사기관들은 방송 3사의 출구조사를 참고삼아 부정확한 조사보다는 비용이 더 들더라도 정확한 여론조사를 하는데 힘을 기울여야 할 것입니다.

여론조사에 대한 이해 부족 혹은 오해와 관련해 세 가지만 말씀
드리겠습니다. 첫째, 선거 전 여론조사가 출구조사와 달라 치명적
오류를 보였다는 주장에 대해서입니다. 도대체 얼마나 틀렸는지
근거를 제시해야 하는 거 아닙니까. 게다가 집전화+휴대전화
RDD(Random Digit Dialing · 임의번호 걸기) 방식을 통해 실시한 사전
여론조사는 거의 대부분 박원순 후보가 나경원 후보를 앞서는 것
으로 조사됐습니다. 조사업계와 학계 · 언론계가 와신상담한 끝에
지난해 6 · 2 지방선거 때에 비해선 최종 득표율과의 괴리가 크게
줄었다는 평가를 받고 있기도 합니다.

전화 여론조사는 조사 시점의 판세에 불과

아시다시피 선거 전 공표가 가능한 19일까지의 전화 여론조사
결과는 당시 판세를 보여줄 뿐입니다. 두 후보의 지지율 합이 기껏
80%에 그칩니다. 나머지 15~20%가량은 '모름 · 무응답'이고요.
만약 최종 득표율을 예측할 요량이라면, 판별분석 등의 통계처리
를 이용해 '모름 · 무응답'을 적절히 배분하거나 배제하는 등의 조
치를 취해야 하지 않겠습니까. 결국 선거 전 여론조사가 26일 득
표율과 우연히 같을 수도 있겠지만, 일치하는 게 오히려 이상하다
고 봐야 합니다. 게다가 막판 분위기가 크게 요동치는 우리나라
선거에서 열흘 전 혹은 일주일 전 조사결과로 최종 득표율을 맞히
는 것이 어떻게 가능하겠습니까. 이번 서울시장 선거만 하더라도
안철수 교수의 재등장은 23일의 일이고, 이 변수는 사전 여론조사

에 반영되지 못했습니다.

둘째, 선거 전 여론조사와 최종 득표율 혹은 출구조사 결과를 제대로 비교하기 위해선 추가 취재가 필요합니다. 왜냐하면 20일부터 25일까지의 여론조사 공표 금지 기간 동안 실시한 전화 여론조사 결과가 있습니다. 특히 선거 전 여론조사와 출구조사를 제대로 비교하기 위해선 하루 혹은 이틀 전에 실시한 여론조사를 근거로 삼으라는 것입니다. 더 최근의 여론조사가 있는데, 7~10일 전의 조사결과로 신뢰성을 평가 받으라고 하면 억울하지 않겠습니까.

방송 3사 및 이들과 연계된 조사기관 3개 회사는 물론 한국갤럽, 엠브레인, 리얼미터 등 여러 조사기관이 선거 하루 이틀 전 조사결과를 토대로 비공식적으로 예측치를 내놨습니다. 거의 모든 사전 여론조사에서 박 후보가 나 후보를 3~7%포인트 정도 이기는 것으로 나타났습니다. 사전 여론조사가 출구조사 못지않게 정확할 수 있다는 가능성을 보여준 셈이죠. 이들 조사결과에 대한 자세한 논의는 제 블로그에서 곧 다룰 예정입니다.

전화 여론조사와 출구조사 비교는 부적절

셋째, 여론조사 정확도 제고를 위해 출구조사를 참고하라고요. 방송이 아닌 신문에서 어떻게 출구조사를 참고할 수 있습니까. "부정확한 조사보다 비용이 더 들더라도 정확한 조사"를 하라고 했습니까. 설마 선거 전에 '비용이 더 들더라도 정확한' 출구조사를 실시하란 말씀은 아니겠죠. 어떤 교수의 말씀처럼, 출구조사는 엄격한 의미의 여론조사가 아닐 수도 있습니다. 개표방송 초기에 흥미를 더하기 위한 것이죠. 출구조사의 정확성이 여론조사의 신뢰성 제고에 도움을 주는 측면도 거의 없다고 봐야 합니다.

또한 선거 전 여론조사와 출구조사를 1:1로 비교하는 것은 말이 되지 않습니다. 조사방식은 물론 조사시점이나 조사대상, 표본크기, 비용 등 모든 측면에서 그렇습니다. 사전 여론조사는 투표일 이전에 실시하고 투표 여부에 관계없이 모든 유권자를 대상으로 하며, 표본크기는 1,000명 내외입니다. 비용은 출구조사의 1/10도 되지 않고 집전화 혹은 휴대전화를 사용합니다. 이에 반해 출구조사는 투표 당일 실시하고 방금 투표를 하고 나온 유권자를 대상으로 하며, 표본크기는 12,000~13,000명에 달합니다. 비용은 1억 원이 넘고 투표자를 직접 만나 찍었던 후보를 받아냅니다. 가당한 비교인지 모르겠지만, 11명이 정규 구장에서 뛰는 축구와 5명이 실내에서 행하는 풋살을 함께 논의해야 한다고 주장하는 꼴입니다.

_ 2011. 10. 30

|||||
박원순 승리… 트위터 때문일까

박원순 변호사가 10·26 서울시장 보궐선거에 나설 야권 단일 후보로 3일 확정됐습니다. 대부분의 언론이 민주당 박영선 의원을 물리친 요인으로 안철수 바람과 함께 트위터에 의한 투표 독려를 언급하고 있습니다. "현재 경선장 분위기가 8대 2로 불리합니다. 서둘러 투표에 참여해 주세요"라는 박 변호사 측 메시지가 널리 전파돼 민주당의 조직력을 물리칠 수 있었다는 분석입니다.

트위터 투표 독려는 변수가 아니라 상수

트위터를 통한 투표 독려가 더 이상 낯설지 않습니다. 지난해 지방선거 때 본격적으로 도입된 이래 강원도지사 선거 등 재·보궐선거에서 크게 활용돼 왔습니다. 이젠 투표일에 트위터로 투표를 독려하는 행위는 (할 것인가 말 것인가라는) 변수가 아니라 늘 행해지고 있는 상수란 얘기입니다. 따라서 선거 결과 승패 요인 분석에서 트위터를 거론하는 것은 의미 있는 분석이 아니란 생각입니다. '트위터 독려에 젊은 층 몰려오자, 민주당 "아, 졌다"'라고 했다는데… 선거 전략에 탁월한 민주당을 잘못 봤거나 핵심 당직자 얘기가 아닐 것으로 판단됩니다.

물론 트위터의 영향력이 여전히 큰 것은 사실입니다. 그러나 이번 선거의 경우 트위터 대신 제도권 정당의 위기에 주목해야 한다고 봅니다. 여야 구분 없이 기존 정치권에 대한 불신이나 반감이 박 변호사의 승리에 기여했다고 생각합니다. 특히 트위터 사용자들에게서 그런 경향이 강했던 것 같습니다. 이런 점은 중앙일보-한국갤럽이 세 차례 실시한 여론조사에서도 확인할 수 있습니다.

첫째, 박 변호사 지지 이유 대부분이 제도권 정당 요인에 몰려있습니다. 박 변호사가 야권 후보가 되는 것이 좋다고 응답한 사람들(N=431)의 지지 이유는 '시민운동가로 살아왔다'(13.6%), '참신하다/새로운 인물이다'(11.5%), '기성 정치인 아니다/정치에 때묻지 않았다'(10.5%), '깨끗하다/청렴하다'(9.2%) 순이었습니다. 민주당에서 어떤 후보가 뽑혔더라도 경쟁이 되지 않는다는 얘기이며, 동시에 비(非)정치권 인물에 대한 국민들의 기대와 갈망이 적지 않다는 얘기입니다.

민주당 지지자, 민주당 박영선보다 무소속 박원순 더 지지

둘째, 민주당 지지층이 박 의원보다 박 변호사를 더 지지했습니다. 민주당은 40% 비중을 차지하는 선거인단 현장 투표에 크게 기대를 걸었습니다. 각각 30%씩의 비중을 차지하는 배심원단 평가와 일반 시민 여론조사에서의 열세를 만회해야 하기 때문이었죠. 그러나 현장 투표 결과는 박 변호사 46.3%, 박 의원 51.1%로 지지율 격차가 4.8%포인트에 불과해 민주당의 기대에 미치지 못했습니다. 아무리 오전에 '8 대 2'로 유리했고 박 변호사 측이 트위터로 투표를 독려했다고 하더라도 현장 투표에서 이 같은 지지율이 나오면 게임이 끝인 셈이죠.

박 변호사의 현장 투표 지지율이 박 의원에게 근접한 것은 민주당 지지층 상당수가 박 의원 대신 박 변호사를 선택했기 때문입니다. "자식에게 매를 치고 싶었다"고 말했던 민주당 지지자 규모가 적지 않았다는 얘기입니다. 중앙일보-한국갤럽 여론조사에 의하면, 민주당 지지자 중 56.4%가 박 변호사를 지지한 반면 41.1%가 박 의원을 지지했습니다. 지난해 지방선거 때 한명숙 전 총리를 지지한 응답자 중에선 64.7%가 박 변호사를 지지한 반면 34.8%만이 박 의원을 지지한다고 답했습니다.

트위터 투표 독려는 내년 총선과 대선에서도 계속될 것입니다. 그러나 트위터 때문에 범야권의 승리가 자동적으로 보장될 수 없다고 생각합니다. 여당을 비롯한 기존 정치권이 자기 혁신을 이루고 국민의 신뢰를 회복할 경우에도 트위터가 위력을 발휘할 수 있을까요. 비유가 적절할지 모르겠지만, 달을 가리키는 손가락을 볼 것이 아니라 손가락이 가리키는 곳을 쳐다봐야겠죠.

_ 2011. 10. 4

▌▌▌▌▌
MB의 진짜 지지율

이명박 대통령의 국정수행 지지율을 못 믿겠다는 인식이 제법 퍼져 있더군요. (조사마다 조금씩 다르지만) 집전화 여론조사로 나타난 50%에 가까운 지지율이 실제보다 높아 시중 여론과 괴리돼 있다는 겁니다. 아무도 장담할 수 없습니다. 다만 그 가능성을 말할 수 있을 뿐이죠. 여론조사 측면에서 볼 때 이 대통령의 진짜 지지율이 여론조사 지지율보다 낮을 가능성이 있다면, 그 이유는 다음 두 가지 때문일 것입니다.

첫째, 지지율 질문에 대한 응답항목이 유리하게 되어 있습니다. 대통령 국정수행 지지율을 묻는 질문은 다들 비슷합니다. 문제는 응답항목인데… 대개 '4점 척도'로 답을 받고 있습니다. "매우 잘하고 있다" "잘하고 있는 편이다" "잘못하고 있는 편이다" "매우 잘못하고 있다" 중에서 하나를 고르라고 하죠. 여기서 "매우 잘하고 있다"와 "잘하고 있는 편이다"는 응답을 합친 것이 지지율입니다(좀 더 정확하게 말하면… '지지율' 대신 '긍정(적) 평가'라고 해야겠죠).

누군가의 잘잘못을 물었을 때 애매하게 답하거나 중간으로 답하는 사람들이 적지 않습니다. 대통령 지지율도 마찬가지죠. "글쎄…" "한 마디로 말하기가" "그지 그렇지" 등은 애매한 표현이고, "반반" "중간" "보통" "잘하는 것도 있고 잘못하고 것도 있고" 등은 중간 응답에 속합니다. '모름·무응답'을 별도의 항목으로 제공하고 있지만, 이들 표현 및 응답이 긍정 평가에 포함될 가능성이 높습니다.

여론조사 지지율보다 낮을 가능성

둘째, 표본 선정, 즉 응답자 구성이 유리합니다. 집전화 여론조사의 문제점으로 주로 지적되고 있죠. 저연령층과 화이트칼라 등 낮 시간과 초저녁 시간에 경제활동을 하는 사람들이 구조적으로 적게 포함되는 대신 고연령층과 주부·자영업자 등이 실제보다 많이 뽑힙니다. 실제보다 적게 잡히는, 즉 할당(Quota)을 채우지 못한 표본은 가중치 부여를 통해 실제 비율만큼 조정하지만, 동일 연령층과 직업군의 성향을 제대로 반영하지 못하고 있는 것이 사실입니다. 참고로 표본 선정의 이러한 편파성을 바로잡아야 한다는 것이 휴대전화 입법화의 주요 취지이기도 합니다.

주지하다시피 저연령층과 화이트칼라 등 경제활동이 활발한 계층이 고연령층과 주부·자영업자 등에 비해 대통령 국정수행 지지율이 낮은 편이고 야당 지지 성향이 강한 편입니다. 시대와 무관하게 말입니다.

이와 관련해 MB의 (여론조사) 지지율이 실제보다 높게 나타날 수 있는 이유가 하나 더 있습니다. 응답자 구성을 실제에 가깝도록 교정할 수 있는 기반을 휴대전화 여론조사가 제공하는 것은 맞습니다. 그러나 저연령층과 화이트칼라 등이 여론조사에 얼마나 적극적으로 응할 것인지 미지수입니다. 조사 대상자로 포함되는 것과 이들이 조사에 응하는 것은 별개의 문제입니다.

MB의 국정운영에 대해 부정적 시각을 가지고 있을수록 여론조사를 신뢰하지 않을 가능성이 높습니다. 여론조사의 주체인 언론사에 대한 신뢰도 낮은 편이고요. 그래서 이들을 응답 대상자로 포섭하기가 쉽지 않습니다. (휴대전화 여론조사가 합법화되더라도) 진짜 MB 지지율을 파악하기가 어렵다는 얘기입니다. 결국 논란이 계속될 수밖에 없을 것 같습니다. MB 지지율을 놓고 투표를 할 수 있겠습니까. 아니면 한 날 한 시에 집전화나 휴대전화를 통해 "잘하고 있으면 1번" "잘못하고 있으면 2번"을 누르라고 할 수 있겠습니까.

_ 2011. 1. 21

‖‖‖‖‖
친서민 정책을 반대하면

사회적으로 바람직한 내용을 물어볼 경우 "좋은 게 좋다"는 식으로 응답할 가능성이 있습니다. 가령, 장애인이나 고령자를 위한 복지정책, 평창 동계올림픽 개최, 경제 민주화 등에 대한 찬반 질문이 그렇습니다. 좋은 일인데… 반대하기가 쉽지 않죠. 이런 경우 응답자의 최소 70%, 최대 90% 가량이 찬성 쪽으로 응답합니다.

이명박 대통령이 언급한 '친서민 정책' 역시 그런 질문에 해당합니다. 중앙일보가 2010년 8월 22~23일 "앞으로도 친서민 중도실용 정책과 생활공감 정책을 더욱 강화하겠다"는 이 대통령의 광복절 경축사와 관련해 친서민 정책에 대한 공감 여부를 물었습니다. 그런데 전혀 뜻밖의 결과가 나왔더군요. "공감한다"와 "공감하지 않는다"가 49.8% 대 48.6%로 거의 비슷했습니다. 사실 친서민 정책에 대한 공감 여부 질문은 오해의 소지가 있어 질문에서 빼고 싶었습니다. 바람직한 방향을 묻는 질문이라 공감한다는 응답이 많을 것으로 예상됐기 때문이죠. 힘없는 사람, 어려운 사람을 위한 정책을 펴고자 하는데 쉽게 반대할 수 없을 것이라고 생각했습니다.

대통령 지지율과 비슷한 김태호 총리 후보자 지지율

정부 정책 그 자체에 대한 순수한 판단이 줄어들고 있다는 느낌이 듭니다. 대신 정파적 이념적 성향에 따라 찬반이 엇갈리고 있습니다. 결과적으로 어떤 정책이든 대통령에 대한 지지율에서 크게 벗어나지 못하고 있다는 것입니다. 4대강이든 개헌이든 말입니다.

사안이 다르지만… 김태호 총리 후보자 사퇴 여부를 묻는 여론조사도 마찬가지라고 생각합니다. '믿었던' 30~40대 다수가 사퇴를 요구했기 때문에 내정 철회가 불가피했다는 보도가 있었지만… 따져 보면 대통령 지지율을 크게 벗어나지 못했습니다. 중앙일보 조사에서 이 대통령의 2년 반 국정수행에 대한 30대의 부정적 평가는 70.4%였습니다. 김 후보자에 대한 30~40대의 반대 응답 역시 이와 비슷했고요.

한편으로 이해할 수 있습니다. "며느리가 미우면 발뒤축이 달걀 같다고 나무란다"고 하지 않습니까. 그러나 누가 봐도 그렇고, 또 정부가 당연히 해야 할 임무나 정책을 수행하겠다는데… 그것마저 반대하면 과연 어떤 정책을 펴야 할까요. 대통령을 비롯한 정부 여당의 책임과 잘못이 없다는 건 아니지만, 이래저래 여론조사의 필요성만 줄어드는 것 같아 씁쓸합니다. 어떤 정책이든 찬반 비율이 대통령 지지율과 비슷한데, 누가 돈을 들여 여론조사를 실시하고자 하겠습니까.

_ 2010. 9. 2

제4장

하나의 대안: 집전화+휴대전화 결합

▌▌▌▌▌

휴대전화 추가로 2010년 여론조사 참패 만회?

2014년 6월 지방선거, 특히 광역단체장 선거에 대비한 조사전 문기관의 대응책은 '집전화 RDD+휴대전화 DB(혹은 패널)'입니다. '2010년 여론조사 참패'를 만회하기 위한 거의 유일무이한 방안으 로 거론되고 있습니다. 그 이후 치러진 재 · 보궐선거는 물론 지난 해 실시된 대통령 선거에서도 나름 효과를 거두었다고 판단했기 때문이겠죠(이런 점을 고려할 때⋯ 최근 어떤 조사기관이 집전화 ARS 방식으 로 서울시장 가상대결 여론조사를 실시 발표한 것은 난센스에 가깝습니다. 이런 내용을 아무 생각 없이 보도한 언론 역시 이해하기 힘들고요).

그러나 소위 메이저급에 속하는 몇몇 조사전문기관의 정치 · 사 회 여론조사 본부장들이 (광역단체장 선거 여론조사에서) 가장 이상적 인 조사방식으로 꼽고 있는 건 '집전화+휴대전화 RDD'입니다. 문제는 (세종특별자치시장 포함) 17개 광역단체장 전체를 대상으로 하 지 않을 경우입니다. 가령, 특정 지역에서 한두 개 단체장만을 대상으로 여론조사를 의뢰받았을 경우, 휴대전화 RDD를 실시하기가 어렵다는 겁니다. 해당 지역의 표본을 찾거나 확보하는데 드는 시간과 비용 등 엄청난 노력이 소요되기 때문입니다.

그래서 나온 대안이 '집전화 RDD+휴대전화 DB(혹은 패널)' 활용입니다. 해당 조사기관이 이전에 실시한 조사를 통해 취득한 휴대전화 번호에 다시 전화를 걸어 집전화 표본만큼의 휴대전화 응답자를 확보하겠다는 겁니다. 그런 휴대전화 응답자 리스트를 어떤 곳에선 'DB', 또 다른 곳에선 '패널'이라고 부르는데… 휴대전화 전체 DB를 확보하지 못한 상태에서 어떤 형태로든 집전화에 휴대전화를 추가 반영해야겠다는 고육지책이 아닌가 생각합니다.

휴대전화 응답자, 전체 가입자 대표 못 해

그러나 집전화에 휴대전화를 추가하더라도 여전히 남는 문제가 있습니다. 표본의 대표성이 그것입니다. 집전화 응답자도 그렇지만, 특히 휴대전화 응답자가 전체 가입자를 대표하지 못하고 있습니다. RDD(Random Digit Dialing) 방식을 활용하고 있지만, 응답 거절률이 높고 응답자 대체가 쉽게 이루어지고 있기 때문입니다. 또한 이미 응답 경험이 있는 표본이기 때문에 일정 방향으로의 편향도 감수해야 합니다. 결국 DB(혹은 패널)에 포함된 휴대전화 응답자와 포함되지 않은 가입자 혹은 응답 거절자 간에 일정 부분 태도 및 의견 차이가 불가피할 것입니다. 따라서 어떤 근거를 가지고 있는지 모르겠지만, 휴대전화 응답자와 비응답자 간 응답 성향이 비슷할 것이란 조사전문기관의 암묵적인 가정(假定)은 상당한 위험을 내포하고 있다고 판단됩니다.

"우리는 보유하고 있는 군대로 전쟁에 나가는 것이지, 미래에 우리가 갖길 원하거나 기대하는 군대로 나가는 것이 아니다"라고 도널드 럼즈펠드 전 미국 국무장관이 말한 적이 있답니다. 여론조사도 마찬가지입니다. 우리가 이용할 수 있는 최선의 데이터, 조사방법, 가용 가능한 자원으로 분석과 예측을 수행해야 합니다. 집전화 실패를 만회하기 위해 휴대전화를 추가했지만, 유권자 대표성을 확보하기엔 여전히 미흡한 측면이 적지 않다는 얘기입니다.

그럼에도 불구하고 현재 수십 만 개의 휴대전화 응답자 리스트를 확보하고 있다고 자랑하는 조사전문기관이 한둘이 아닙니다. 과연 이들이 지난 지방선거 때의 여론조사 참패를 만회하기 위해 얼마나 깊은 고민과 최선의 대응책을 강구하고 있는지 걱정이 앞섭니다.

_ 2013. 11. 28

‖‖‖‖‖
집전화에 휴대전화 결합했더니

19대 총선 여론조사의 실패 와중에서도 주목할 만한 사실이 하나 있었습니다. 지역구 단위 조사에서 집전화 RDD(Random Digit Dialing; 임의번호 걸기)+휴대전화 패널 결합 방식이 처음으로 도입 활용됐다는 점입니다. 또 선거 D-7일까지 실시된 전화 여론조사의 정확성을 평가해 본 결과, 휴대전화 결합 방식이 집전화 RDD 만으로 실시된 것에 비해 상대적으로 더 정확한 것으로 나타났습니다.

2012년 4월 2일부터 4일까지 3일 간 보도된 방송 3사의 사전 전화 여론조사 등 총선과 관련된 여론조사 대부분이 집전화 조사였습니다. 이들 조사결과는 과거 선거 때와 마찬가지로 여당인 새누리당에 후한 평가를 안겨준 것으로 나타났습니다. 가령, 영등포갑의 경우 방송 3사는 새누리당 박선규 후보가 35.1%로 민주통합당 김영주 후보(30.3%)를 앞섰다고 보도했습니다. 그러나 휴대전화 패널을 결합해 실시한 중앙일보 조사에선 민주당 김 후보가 42.6%로 새누리당 박 후보(32.8%)에게 오차범위를 넘어 앞선 것으로 나타났습니다. 최종 개표 결과 영등포갑에선 김 후보가 52.9%로 박 후보(45.7%)를 누르고 당선됐습니다. 경기 고양 일산서구의 경우에도 전화 여론조사에선 모두 새누리당 김영선 후보가 앞선 것으로 나왔지만, 중앙일보 조사에서만 민주당 김현미 후보가 앞선 것으로 나왔고, 최종적으로 민주당 김 후보가 승리했습니다.

3월 초 종로구를 대상으로 동시에 실시된 동아일보와 한겨레신문의 여론조사 결과도 좋은 사례로 꼽을 수 있습니다. 집전화+휴대전화 방식으로 실시된 동아일보 조사에선 민주당 정세균 후보가 31.8%로 새누리당 홍사덕 후보(24.3%)를 앞선 것으로 나타났지만, 집전화 방식으로 실시된 한겨레신문 조사에선 홍사덕 대 정세균 후보의 지지율이 43.0% 대 32.3%였습니다. 정 후보의 백중우세 혹은 박빙 민심과 동떨어진 조사결과를 보도한 한겨레신문은 기존 전화 여론조사 방식을 재검토했다고 들었습니다. 최종 개표 결과 종로에선 정 후보가 52.3%로 45.9%를 얻는데 그친 홍 후보를 이겼습니다.

집전화 조사 한계… 알면서도 방치해선 곤란

집전화 RDD+휴대전화 패널 결합 방식의 여론조사는 집전화로 포괄할 수 없는 유권자를 표본에 포함시키기 위한 시도입니다. 즉, 집전화 없이 휴대전화만 사용하는 가구 응답자, 외부 활동이 많고 귀가시간이 늦은 저연령층 응답자가 배제돼 야당 혹은 진보 성향의 '숨은 표 5%'를 잡아내지 못하는 집전화 조사의 단점을 보완해 주고 있습니다. 또 휴대전화 패널은 상대적으로 고연령층이 많고 외부 활동이 저조한 집전화 응답자와 결합할 경우 유권자의 전체 연령별 구성과 유사해지는, 즉 현실 적합성이 높아지는 특징을 가지고 있습니다.

휴대전화 패널 역시 한계가 있습니다. 전체 휴대전화 소지자를 대표하지 못하는 것은 근본적 문제점 중 하나입니다. 집전화와 휴대전화 둘 다 소지하고 있는 응답자의 경우 둘 중 하나만 소지한 사람에 비해 표본으로 뽑힐 가능성이 높아지는 것도 단점이고요. 집전화와 휴대전화 응답자를 어떤 비율로 배합해야 하는지에 대해서도 이론적 논의나 경험적 사례가 거의 없는 실정입니다.

그 결과 휴대전화 패널을 결합한 조사에서도 한계가 드러났습니다. 중앙일보가 공표 금지 기간인 9~10일 한국갤럽-엠브레인에 의뢰해 실시한 격전지 10곳의 여론조사 결과를 최종 투표 결과와 비교했더니… 서울 중구에선 새누리당 정진석 후보가 오차범위 내에서 앞선 것으로 나왔지만(39.4% 대 34.9%), 최종 결과에선 민주당 정호준 후보가 4%포인트 차이로 승리했습니다. 경기 고양 덕양갑에서도 여론조사에선 새누리당 손범규 후보가 40.7% 대 33.3%로 앞섰지만, 최종 결과에선 통합진보당 심상정 후보가 0.2%포인트 차이로 신승했습니다.

예전과 마찬가지로 이번 총선에서도 수도권은 오차범위 내 박빙 지역구가 많았다고 변명할 수 있습니다. 1위 후보를 맞추지 못한 곳보다 맞춘 곳이 훨씬 더 많았다는 자료를 들이댈 수도 있습니다. 또 오차범위 이내의 여론조사 결과로 정확성을 논의하는 것이 부적절하다고 항변할 수도 있고요.

그러나 이런 점을 이해하고자 하는 사람을 찾아보기가 쉽지 않습니다. 대부분은 그냥 틀렸다고 말하고 있고, 우린 또 그런 사실을 받아들여야 합니다. 숙명처럼 말입니다. 지금까지 줄곧 그래왔습니다. 그럼에도 불구하고 현재로선 집전화 RDD에 휴대전화 패널을 결합하는 방식이 유력한 대안 중 하나임을 확인한 건 분명한 소득이었습니다.

_ 2012. 4. 30

※ 이 글은 '편집기자협회보' 2012년 4월 30일자에 게재된 것입니다.

▮▮▮▮▮
후보 공천 여론조사 잣대가 달랐다

4·11 총선 후보 공천을 둘러싼 광풍이 잦아들고 있습니다. 그러나 본선보다 치열했던 예선이 치러진 까닭에 일부 지역에선 아직도 상처와 여진이 남아 있다고 합니다. 이번 공천에서 결정적 역할을 수행했던 여론조사에 대해서도 아쉬움과 불만이 적지 않은 것 같습니다. 평소 "여론조사를 어떻게 믿느냐"던 정치권이 공천의 주요 잣대로 활용한 것도 문제지만, 여론조사라는 것이 원래 지지율 1위를 제외한 나머지 후보들에겐 지탄의 대상이 될 수밖에 없기 때문입니다. 1위를 제외한 탈락 후보들의 숫자가 훨씬 많으니까 말입니다.

탈락 위기에 처한 중견 정치인이 "조사를 실시 보도해 달라"고 '청탁형' 하소연을 하는 경우도 있더군요. '자가발전형' 여론조사를 통해 동일 지역구에 출마한 예비 후보 모두가 제각기 1위라고 주장하는 황당한 사례도 제법 발견됐습니다. 서울의 특정 지역구를 대상으로 한 여론조사에선 40대 유권자의 지지율이 새누리당 후보 60%, 민주통합당 후보 19%로 나타나 그 결과가 보도되기도 했습니다(분명히 말씀드리지만, 강남 3구 중 한 곳이 아닙니다. 강남 3구 중 하나라 하더라도 그런 결과가 나올 수 없습니다).

이런 터무니없는 조사결과 덕택인지 모르겠지만, 해당 후보는 무난히 공천을 받았고 지금 열심히 지역구를 누비고 있습니다. 그런 결과를 만들어낸 조사기관 역시 정당 뿐 아니라 언론사 여론조사를 열심히 하고 있습니다. 게다가 "전화가 오면 20~30대라고 답해라", "지지를 부탁하거나 '착신전화'하라는 메시지를 보냈다"는 등의 응답 교육을 통한 여론조사 조작 논란도 심심치 않게 나타나고 있습니다.

집전화로 선발된 새누리당 후보의 경쟁력

그러나 정작 더 큰 문제는 여야의 공천 잣대가 서로 달랐다는 점입니다. 현역 탈락자 선정, 당내 후보 적합도, 상대 정당 후보와의 경쟁력 및 경선 등 단계마다 상이한 경우도 있었지만, 기본적으로 새누리당은 '집전화 RDD(Random Digit Dialing. 임의번호 걸기)', 민주통합당은 '집전화 RDD+휴대전화 패널' 방식을 채택했습니다(민주당과 통합진보당 후보 단일화를 위한 경선 여론조사에선 집전화 RDD 또는 자동응답방식의 집전화 혹은 이 둘의 결합 방식이 활용됐습니다).

특히 새누리당 공천 여론조사 방식에 문제가 더 많았다고 봅니다. 새누리당은 2010년 지방선거 때의 서울시장 후보 오세훈-한명숙 대결, 2011년 10월 서울시장 보궐선거 때의 나경원-박원순 승자 예측에 실패했던 방식을 채택했습니다. 믿음이 덜 가는 방식을 활용한 셈이죠. 구체적으로 고연령층 및 외부 활동이 적은 계층 등 새누리당 지지 성향이 과다하게 반영되는 반면, 상대적으로 저연령층 의견이 과소 반영되는 방식이죠. 그 결과 새누리당 방식으로 조사할 경우 후보 및 정당 지지율이 민주통합당의 그것에 비해 상대적으로 높게 나타날 가능성이 농후합니다.

가령, 지난해 10월 서울시장 보궐선거의 경우 조사시기에 관계없이 집전화 조사에선 모두 나경원 후보가 이기는 것으로 나온 반면, 집전화+휴대전화 조사에선 모두 박원순 후보가 이기는 것으로 나왔습니다. 지난 2월 중앙일보-엠브레인이 공동 실시한 부산 북-강서을 가상대결 여론조사도 사례로 말씀드릴 수 있습니다. 집전화 RDD+휴대전화 패널 조사에선 민주당 문성근 후보가 41.9%로 새누리당 허태열 후보(32.5%)를 앞선 것으로 나타났으나, 집전화 RDD에선 두 후보의 지지율이 33.2%(문) 대 34.3%(허)로 비슷했습니다.

당내 예비 후보를 동일 잣대로 평가하는데 무슨 문제가 있느냐고 반문하겠지만, 실상은 그렇지 않습니다. 당내 후보끼리도 유불리가 다를 수 있기 때문입니다. 고연령층에서 지지를 받는 후보가 그렇지 못한 후보에 비해, 인지도가 높은 후보가 그렇지 못한 후보에 비해, 조직력을 갖추었거나 그런 경험이 풍부한 후보가 그렇지 못한 후보에 비해 유리할 수 있다는 겁니다. 가령, 종로구 예비 후보였던 조윤선 의원(대 홍사덕 의원), 부산 사상에서 공천을 획득한 손수조(대 설동근 전 교과부 차관) 후보를 비롯해 새누리당의 정치 신인 상당수가 공천 여론조사에서 불이익을 당했을 가능성이 있습니다. 실제로 새누리당 자체 여론조사에서 설 전 차관에 비해 지지율이 낮게 나온 손 후보를 비례대표로 보내기 위한 시도가 있었다고 합니다. 당연한 귀결이지만, 집전화로 선발된 새누리당 후보의 여론조사 경쟁력이 야당 후보에 비해 떨어질 가능성이 있습니다.

조사방법에 따라 후보 지지율이 다르다면…

22~23일 후보 등록이 완료되면 본격적인 대결이 펼쳐질 것입니다. 다시 여론조사가 활기를 띠겠죠. 문제는 어떤 조사방법을 채택하느냐에 따라 지역구 후보 지지율이 서로 달라지는 상황이 발생할 수 있다는 겁니다. 3월 초 종로구를 대상으로 동시에 실시된 동아일보와 한겨레 여론조사 결과 차이가 단적인 사례입니다. 집전화+휴대전화 방식으로 실시된 동아일보 조사에선 정세균 민주당 후보가 31.8%로 홍사덕 새누리당 후보(24.3%)를 앞섰지만, 집전화 방식으로 실시된 한겨레 조사에선 홍사덕 대 정세균 후보 지지율이 43.0% 대 32.3%였습니다.

그렇다고 집전화+휴대전화 방식에 문제가 없다는 건 아닙니다. 가령, 휴대전화 표본은 현행법상 확보가 어렵고, 패널의 경우 과다한 저연령층 비율 등 대표성 문제에서 자유롭지 못합니다. 그러나 집전화 방식은 갈수록 이용률이 떨어지고 있고, 조사 시간대에 남자와 저연령층, 직장인의 재택률이 낮기 때문에 RDD 도입에도 불구하고 근본적으로 한계를 극복할 수 없습니다. 집전화 조사결과에 대한 불신도 만만치 않고요. 결국 현재로선 휴대전화 패널과의 결합이 거의 유일한 대안 중 하나입니다. 국민생활시간대 조사와 연령별 투표율 등을 고려해 집전화 대 휴대전화 응답자를 어떤 비율로 배합할 것인지가 당장의 과제로 떠오른 것도 그런 이유 때문이고요.

_ 2012. 3. 20

|||||
집전화 RDD vs 휴대전화 패널 결합

제 블로그 2012년 1월 10일자 '총선 지역구 여론조사 방법론 검토'를 읽어보셨는지요? 4 · 11 총선 지역구 여론조사를 '집전화 RDD' 방식으로 해야 할 것인지, 아니면 그 대안으로 '집전화 RDD+휴대전화 패널' 방식을 택해야 할 것인지에 대해 다루었습니다. 당시 글이 이론적 검토였다면, 오늘은 두 가지 방식에 따른 실제 조사결과를 살펴보고자 합니다.

		집전화 RDD	집전화 RDD+휴대전화 패널
서울 종로	조윤선(새)	17.0	21.3
	정세균(민)	24.1	30.6
	김재헌(통)	4.2	5.7
	기타 · 무소속	2.7	7.7
	모름 · 무응답	52.0	34.7
	새누리당	29.3	30.4
	민주통합당	29.2	34.3
	통합진보당	1.5	4.1
	기타 정당	6.4	4.8
	무소속	6.4	8.9
	모름 · 무응답	27.2	17.5

		집전화 RDD	집전화 RDD+휴대전화 패널
부산 북-강서을	허태열(새)	34.3	32.5
	문성근(민)	33.2	41.9
	설부길(통)	2.2	4.9
	모름 · 무응답	30.3	20.7
	새누리당	35.2	32.2
	민주통합당	33.7	39.9
	통합진보당	2.3	2.9
	기타 정당	3.4	3.4
	무소속	7.9	9.4
	모름 · 무응답	17.5	12.2

2012년 2월 7일부터 10일까지 나흘 간 중앙일보 조사연구팀과 여론조사전문기관 엠브레인이 함께 실시한 총선 지역구 10곳 여론조사 중 서울 종로와 부산 북-강서을 두 곳의 조사결과 중 일부입니다. 각 지역구별 집전화 RDD 250명, 집전화 RDD+휴대전화 패널 500명 등 표본 수가 너무 적기 때문에 일반화의 한계가 있지만, 예상했던 두 조사결과 간에 명확한 차이가 있습니다. 즉, 집전화 RDD의 경우 가상대결 지지율과 정당 지지율 둘 다 명백히 새누리당에게 호의적인 반면, 민주통합당과 통합진보당에게 비호의적인 결과가 산출됐습니다(집전화 RDD의 경우 '모름 · 무응답' 수치가 매우 높은 것도 특징적입니다. 가령, 종로의 경우 '모름 · 무응답'이 52.0%에 달했습니다).

상대적으로 민주통합당과 통합진보당에 호의적인 휴대전화 패널

결국 중앙일보 조사연구팀과 엠브레인이 '집전화 RDD+휴대전화 패널' 결합 방식으로 실시한 총선 지역구 10곳 여론조사(2012년

2월 13일자 1면과 4~5면)는 상대적으로 민주통합당과 통합진보당에게 호의적인 결과였습니다. 만약 집전화 RDD 방식을 통해 여론조사를 실시했다면 상대적으로 새누리당에게 호의적인 결과가 나왔을 것이란 추론이 가능합니다. 그럼에도 불구하고 분명한 것은 '집전화 RDD'와 '집전화 RDD+휴대전화 패널' 조사결과 중 어느 것이 현실, 즉 실제 지지율에 더 가까운지 아무도 알 수 없다는 점입니다.

재미있는 건 현재 진행 중인 공천 후보 선정을 위한 새누리당과 민주통합당 여론조사가 '집전화 RDD'와 '집전화 RDD+휴대전화 패널'로 나뉘어져 실시되고 있다는 사실입니다. 두 당이 자신에게 유리한 결과가 나오는 방식을 각각 채택하고 있다는 얘기입니다. 동일한 방식으로 민심을 평가하기 때문에 일견 공정한 거 같지만, 후보에 따라 유불리가 달라질 수 있을 것으로 생각됩니다. 이에 대해선 추후 논의할 기회가 있었으면 합니다.

_ 2012. 2. 17

▌▌▌▌▌
할당 표본추출과 'RDD 3종 세트'

여론조사 과정에서 가장 중요한 것이 질문지와 표본추출입니다. 둘 중 굳이 하나만 고르라면 표본추출이고요. 집전화 여론조사의 신뢰성을 따질 때에도 주로 여기에 논의가 집중됩니다. 그 만큼 연구 보완되어야 할 점이 많다는 반증인 셈이죠.

주지하다시피 표본추출은 크게 '표집틀(Sampling Frame)의 포괄성'과 '응답자 선정의 엄밀성'으로 규정됩니다. 한국의 (전화)여론조사는 지금까지 KT 전화번호부라는 표집틀을 사용하면서 성·연령·지역별 할당방식에 의해 응답자를 선정해 왔습니다. 자료수집, 즉 면접원의 통화 과정에서 미리 정해진 할당 기준을 얼마나 엄격하게 지키는가는 조사기관에 따라 조금씩 차이가 있는 것으로 알고 있습니다.

이에 비해 RDD(Random Digit Dialing) 방식은 무작위로 전화번호를 생성해 통화함으로써 KT 전화번호부라는 표집틀의 불완전성(집전화 없는 가구, 등재 거부 가구 등)을 극복하자는 것입니다. 게다가 가구 내 응답자를 무작위로 선정하고 또 일정 횟수의 재통화를 통해 부재자도 표본에 포함시키자는 것이 'RDD 3종 세트'의 취지입니다. RDD 방식을 사용했다고 하더라도 응답자 선정의 엄밀성이 떨어지면 그 효과가 제대로 나타날 수 없기 때문이죠. 그 결과 시간과 비용이 훨씬 더 많이 들어가겠지만 말입니다.

이런 문제의식은 기존 할당 표본추출의 결과가 다분히 '비정상적'이라는 인식에서 출발한 것입니다. 할당추출의 엄격성 여부에 관계없이 성·연령·지역별 인구비례에 의한 대표성은 가중치 부여를 통해 언제든 가능합니다. 응답자 선정을 아무리 느슨하게 하더라도 표본 구성엔 차이가 나지 않는다는 거죠. 문제는 직업별 비중입니다. 즉, 표집틀 문제와 응답자 선정의 엄격성 결여로 인해 표본의 직업별 구성에 있어서 자영업과 가정주부가 실제보다 많이 뽑히는 대신 화이트칼라와 대학생 등이 적게 뽑힌다는 지적이 그것입니다.

할당추출에 비해 자영업 줄고 화이트칼라 늘어

그래서 '느슨한' 할당추출과 '엄격한' 할당추출 그리고 'RDD 3종 세트(RDD+가구 내 응답자 무작위 선정+재통화)'를 통해 나온 표본의 직업별 구성을 비교해 봤습니다(세 조사 모두 중앙일보 조사연구팀이 수행한 것입니다). '느슨한' 할당추출이란 일정 시간 동안 느슨하게 기준을 유지하다가 부족한 할당을 완료 시점까지 메우는 형태를 말합니다. 이에 비해 '엄격한' 할당추출은 처음부터 할당 기준을 철저히 지키도록 하는 방식을 말합니다. 둘 다 할당 표본추출이지만 응답률에 차이가 날 수밖에 없겠죠.

	보통 할당 (N=1130)	엄격 할당 (N=940)	RDD 3종 세트 (N=658)
농·임·어업	4.9	3.0	2.9
자영업	12.2	16.3	10.7
블루칼라	6.9	5.7	8.3
화이트칼라	16.9	20.7	24.7
가정주부	27.5	28.2	28.6
대학생	18.3	14.6	13.4
기타·무응답	13.1	11.5	11.3

세 가지 중 어떤 것이 전체 국민의 직업 구성과 비슷한지 장담하기 어렵습니다. 이에 대한 정부의 공식 자료가 없고 또 직업별 분류기준도 통계마다 조금씩 상이하기 때문입니다. 그래서 상대적 차이에 대해서만 말할 수 있을 뿐입니다.

표에서 알 수 있듯이 할당추출과 비교해 'RDD 3종 세트'의 자영업 비율이 적은 편입니다. 대신 화이트칼라 비중은 높은 편이고요. 가정주부 비중은 세 가지 방법별로 차이가 거의 없고, 대학생 비중은 '보통' 할당에서 높게 나왔네요. 'RDD 3종 세트'의 경우, 적어도 자영업과 화이트칼라 비중에 대한 기존의 비판적 시각에선 어느 정도 자유롭다는 얘기를 들을 수 있을 것 같습니다.

_ 2011. 2. 10

"뭐어, 휴대폰… 휴대포~온~"

예년과 분명히 달라졌습니다. 신년 특집 여론조사에 대해 문제를 제기하는 시각 말입니다. 시중의 체감보다 이명박 대통령의 국정운영 지지도가 높다거나 차기 대선후보 1위로 나온 박근혜 전 한나라당 대표의 지지율을 신뢰할 수 없다는 겁니다. 아마 지난해 지방선거 여론조사에서의 예측 실패 탓으로 보입니다. 여론조사의 문제점이 개선된 흔적이 없는데 어떻게 그 결과를 믿을 수 있겠느냐는 거죠.

신년 특집 여론조사를 아예 실시하지 않은 언론사도 있습니다. 그런 곳은 이런 비판에서 자유로울 거 같지만… 반드시 그렇지도 않습니다. "다들 여론조사를 실시 발표했는데 (당신은) 뭐한다고 안 했느냐"고, 태만한 거 아니냐고 마치 따지듯 한 마디씩 던집니다. 결국 여론조사를 실시해도 또 실시하지 않아도 욕을 먹는 그런 딜레마에 직면한 겁니다.

2010년 새해 여론조사의 딜레마

그런 와중에 나온 것이 휴대폰 여론조사 입법화입니다. 이에 대한 생각은 제 블로그 2010년 12월 30일자 '2010년을 보내며… 개선방안 및 대안 검토'에서 아래와 같이 밝힌 바 있습니다.

조사방법의 지평 혹은 대안을 확보한다는 차원에서 전적으로 동의합니다. 그러나 집전화 여론조사를 대체할 만한 방법인지, 나아가 여론조사의 정확성을 담보할 수 있을 것인지에 대해선 자신이 없습니다. 지금도 휴대전화 여론조사를 전문으로 하는 업체가 있습니다. 집전화에서 잘 잡히지 않은 표본(가령, 젊은 층, 화이트칼라 직장인 등)을 확보하기 위해 휴대전화로 보충하는 경우가 있습니다. 그러나 휴대전화 조사결과가 집전화에 비해 더 유효하다는 증거가 많지 않습니다. 집전화+휴대전화의 경우 표본 배분방식에 대한 이론적 정립이 이루어져 있지 않고요. 휴대전화 여론조사가 일반화되더라도 집전화를 통해 일부 표본(가령, 고령층)을 보완해야 할 것이란 의견도 있더군요.

그럼에도 불구하고 휴대전화 여론조사를 다시 언급하는 것은 다음 두 가지 이유 때문입니다. 첫째, 기존 (유선)전화조사를 지나치게 폄하하고 있습니다. 표집틀 문제, 표본 왜곡, 낮은 응답률 등의 문제점을 부인할 수 없지만, 그렇다고 "엉터리"라거나 "의미 없는" 여론조사로 치부해선 곤란합니다. 전화조사의 각종 문제점을 해결할 수 있는, 즉 대안적 방법으로 어떤 것을 상정할 수 있을까요. 생각만큼 쉽지 않습니다. 각종 문제점에도 불구하고 대통령선거를 비롯해 여러 차례의 지방선거를 정확히 예측한 것은 또 어떻게 설명할 수 있겠습니까. 해가 갈수록 조사환경이 험해지고 있지만, 그럼에도 불구하고 개선방안을 모색하는 것이 무의미하지 않다는 생각입니다.

둘째, 휴대전화 여론조사에 대한 기대가 너무 높습니다. 조사결과의 정확성이 높아지는 것은 물론 여론의 실체 파악이 가능하고 실상을 반영할 수 있을 것으로 기대하고 있더군요. 기존 전화조사의 문제점을 개선하는 효과가 없는 것은 아닙니다. 그러나 결론부터 말씀드리면… 민심의 실체나 실상을 제대로 파악할 수 있는 방법은 어디에도 없습니다. 정도의 차이가 있을 뿐이죠. 어떤 교수의 지적처럼 "여론조사는 과학적으로 오류를 전제로 한 것"입니다. 어떤 방법을 사용하더라도 오류가 생길 수밖에 없다는 얘기입니다. 반대를 무릅쓰고 (휴대폰 여론조사를) 입법화해줬는데 왜 또 틀렸느냐고 억지를 쓸까봐… 노파심에서 한 말씀 드렸습니다.

_ 2011. 1. 6

||||||
집전화와 휴대전화 정치성향은 다른가

미국 가구의 4분의 1 정도, 즉 24.5%가 휴대전화만 있는 것으로 조사돼 집전화만으로 한 선거 설문조사에선 오차가 발생하는 것으로 나타났다. 여론조사업체인 퓨리서치센터는 휴대전화만 있는 성인과 집전화가 있는 가구 성인들 간 정치성향이 다르기 때문에 집전화 샘플만을 근거로 한 설문조사 내용은 오도될 수 있다고 밝혔다. (중략) 지난 2010년 8월 25일부터 9월 6일까지 유권자 2,816명(휴대전화 786명 포함)을 대상으로 조사한 결과, 44%가 공화당 후보를 지지한 반면, 47%는 민주당 후보를 선택했다. 이에 비해 집전화만으로 한 같은 설문에선 46%가 공화당을, 45%가 민주당을 지지했다.

연합뉴스 미국 특파원이 보도한 2010년 10월 15일자 '美서 집전화로만 한 여론조사 오차 발생' 기사 중 일부입니다. 집전화만으로 곤란하므로 휴대전화를 포함해 조사를 수행해야 한다는 뜻입니다. 휴대전화는 물론 인터넷 전화만 사용하는 가구가 점점 늘어나고 있는 우리나라에도 시사하는 바가 적지 않습니다. 집전화 가구만을 대상으로 한 표본추출 방식이 지난 6월 지방선거 여론조사 예측 실패요인 중 하나라는데 많은 전문가들이 동의하고 있기 때문이죠.

퓨리서치센터(Pew Research Center) 자료에 의하면, 미국의 경우 집전화와 휴대전화 사용가구 성인들의 정치성향이 다른 것으로 나타났습니다. 연합뉴스 기사에도 나와 있지만… 4~6%포인트 정도 차이가 있습니다. 즉, '집전화+휴대전화' 응답자에 비해 '집전화' 응답자의 공화당 지지 성향이 더 높더군요. 추가 확인이 필요하겠지만… 만약 휴대전화 응답자 조사결과를 별도로 분리할 경우 그 차이가 더 늘어날 가능성도 배제할 수 없습니다.

우리나라도 마찬가지입니다. 휴대전화 사용가구를 조사 대상에 포함할 경우 현재의 조사결과보다 야당 지지 성향이 더 높아질 가능성이 있습니다. 결국 현재의 집전화만을 통한 여론조사 결과엔 여당 지지 성향이 높게 반영됐을 것이란 추정이 가능합니다. 대통령 국정수행 지지도는 물론 정당 지지도에서도 말입니다.

'집전화+휴대전화' 대 '집전화' 조사결과가 서로 비슷한 경우도

지방선거 여론조사 실패로 떠들썩했던 때가 언제였던가 싶습니다. 획기적인 대응이나 후속 조치를 발견하기가 쉽지 않기 때문이죠. 퓨리서치센터가 수행한 것과 비슷한 형태의 실험적 연구가 활발하게 진행되고 또 축적돼야 하는데… 답답한 심정입니다. 미국에서의 집전화 대 휴대전화 정치성향 차이가 우리나라에서도 거의 유사하게 나타날 것이란 점을 누가 장담할 수 있겠습니까.

한 가지 사족을 말씀드리면… 미국의 경우에도 집전화 대 휴대전화 정치성향이 일관되게 차이가 나는 것은 아닌가 봅니다. 가령, 퓨리서치센터의 2010년 7월 21일~8월 5일 조사결과에 의하면, '집전화+휴대전화' 가구원과 '집전화' 가구원 조사결과가 똑같았다고 하더군요. 공화당 지지 44%, 민주당 지지 45%로 말입니다. 두 조사방법으로 인해 나타난 지지율 격차를 강조하다보니 연합뉴스 기사엔 이런 점이 빠져 있더군요.

_ 2010. 10. 27

제5장

새로운 출발: 총론

한국과 미국의 대선 여론조사 보도

흔히 선거를 "여론조사와 정치 그리고 언론 사이에서 벌어지는 로맨스"로 표현하곤 합니다. 그 중에서도 전선이 단순하고 통합적·집중적 관리가 용이해 여론조사의 영향력이 가장 잘 나타나는 선거가 대선입니다. 정파적 이해에 따른 논란 역시 총선과 비교할 수 없을 정도고요. 올해 말 치러질 한국의 18대 대선과 미국의 45대 대선에서도 여론조사와 그 보도를 둘러싸고 관련 당사자들의 이해가 적나라하게 드러날 것으로 예상됩니다. 양국의 대선 여론조사 방법과 보도를 검토해 체계적으로 다루는 것은 필자의 능력을 넘어서는 일입니다. 한국 대선 여론조사 방법과 보도마저 제대로 파악하고 있다고 자신할 수 없는 처지이니 말입니다. 그래서 여기선 대선 여론조사 및 보도와 관련된 몇몇 이슈를 중심으로 양국의 공통점과 차이점을 개략적으로 살펴보는데 한정해 논의하고자 합니다.

여론조사와 언론의 태생적 불화

아시다시피 언론은 일반화된 혹은 평범한 사실에 대해 관심이 없습니다. 그 대신 개별 사례의 구체성과 진정성에 열광합니다. 그래서 일반화된 지식을 추구하는 여론조사는 언론과 궁합을 맞추기가 쉽지 않습니다. 조사방법과 절차, 질문내용을 엄격히 관리하고 객관적 현실을 명확히 포착 수렴해 독자들에게 전달해야 한다는 여론조사 전문기자의 사명감은 독자들의 요구사항과 시장의 반응에 민감하고 이를 더 중시하는 정치부 기자 앞에서 수시로 좌절을 맛보곤 합니다.

중앙일보-SBS-EAI(동아시아연구원) 패널조사가 전형적인 사례입니다. 유권자 패널은 대표성이 부족하기 때문에 후보 지지율은 가급적 기사화하지 않는 것이 관례이자 상식입니다. 추세 변화와 지지 변경 이유에 초점을 맞춰야 한다는 것이 여론조사 쪽의 입장이기 때문입니다. 그러나 시시각각으로 변화하는 박근혜-안철수 양자대결 지지율이 중요하고 시장의 관심사라는 것이 언론의 주장입니다. 어떤 표본을 대상으로 했고 또 어떤 방법을 사용했는지에 대해선 그다지 관심이 없습니다. 아무리 설명하고 또 설득하기 위해 노력해도 소용이 없습니다.

여론조사와 언론의 태생적 불화는 미국에서도 크게 다르지 않는 거 같습니다. 미국 갤럽의 편집장으로 지금도 활발히 활동하고 있는 프랭크 뉴포트(Frank Newport)에 따르면, 언론 종사자를 교육시키기 위해 많은 노력을 기울였지만 한계가 있었다고 합니다.

"내가 위원으로 있는 여론조사 국가위원회에서 기자와 언론인을 대상으로 세미나와 일일 강좌를 열어 여론조사 방법과 보도에 대해 설명하고 논의한 적이 많다. 그러나 불행히도 이러한 노력이 그들의 관심을 이끌어내지 못했다. 여론조사 방법론과 해석에 대해 더 많은 교육이 필요하다는 주장도 잘 받아들여지지 않고 있다."고 했습니다.

경마식 여론조사와 출구조사

'대선 재미없으면 여론조사도…' 2007년 10월 17대 대선 막바지에 쓴 필자의 블로그 기사 제목입니다. 아시다시피 2007년 8월 한나라당 대선 후보 경선은 예선이 아니라 본선과 마찬가지였습니다. 박근혜 후보와의 치열한 접전 끝에 대선 후보로 선출된 이명박 후보는 중앙일보의 경선 직후 여론조사에서 이전에 비해 20.6%포인트나 지지율이 상승한 53.0%를 기록했습니다. 현격한 지지율 격차로 인해 선거가 재미없으니 여론조사에 대한 관심과 흥미가 줄어드는 것은 당연했습니다.

그러나 이회창-김대중, 이회창-노무현 후보가 맞붙은 15~16대 대선은 달랐습니다. 지지율 격차가 접전 양상이었기 때문이죠. 이번 18대 대선에서도 박빙의 승부가 예상되면서 여론조사에 대한 관심이 높아지고 있습니다. 사람들의 입에서 또 다시 경마식 여론조사(Horse-race Polls)가 문제라는 얘기가 나올 것으로 예상됩니다. 주지하다시피 경마식 여론조사에 대한 주요 비판은 누가 앞서고 있는지에 대해서만 초점을 둔 나머지 어떤 이슈에 대한 후보의 입장이나 행동 또는 경쟁 후보들 사이의 차별성 등에 대한 정보가 누락되는데 있습니다.

그러나 언론사 간 경쟁 풍토와 독자들의 높은 관심 때문에 경마식 여론조사는 타성적으로 계속되고 있습니다. 문제가 있다는데 다들 동의하지만, 이를 현실적으로 대체할 만한 방안이 없다는 한계가 있기 때문이죠. 이런 상황은 기본적으로 양당 구조에 기반하고 있는 미국 대선에서도 불가피한 것으로 보입니다. 미국의 경우 1984년부터 2000년 사이에 여론조사가 9배나 증가했다는 보고가 있습니다. 게다가 2000년 대선 이후엔 전통적 전화면접 대신 IVR(Interactive Voice Response)과 인터넷 조사 등이 크게 늘어나면서 경마식 여론조사가 한층 가중된 상황이라고 합니다.

우리의 경우에도 이번 대선부터 매일 여론조사를 실시해 결과를 발표하는 곳이 생겼습니다. 한국갤럽은 올 1월부터 매일 300명 내외를 대상으로 휴대전화 조사를 실시해 1주일 단위로 지지율 수치를 발표하고 있습니다. 리얼미터 역시 집전화와 휴대전화를 섞어 IVR 방식으로 매일 단위의 지지율 결과를 발표하고 있고요. 월간 혹은 주간 단위를 뛰어넘어 일간 단위의 경마식 여론조사가 엄연한 현실로 다가온 셈입니다.

총선은 물론 대선 때마다 출구조사를 실시해 최종 투표결과를 집계하기 이전에 선거결과를 미리 파악하는 방식은 한국과 미국이 서로 비슷합니다. 양국 출구조사의 가장 뚜렷한 차이점은 그 내용입니다. 한국은 판세 분석, 즉 누가 승리했느냐에 대해서만 관심을 두고 있는 반면, 미국은 Long Form 형태의 질문을 통해 선거결과와 관련해 많은 추가 정보를 획득하는 방식을 취하고 있습니다. 무응답자의 성향을 분석하기 위한 질문항목에서부터 일부 조사결과를 통계학적 모델에 대입해 승자를 예측할 수 있는 정보들까지 포함됩니다. 미국의 경우 출구조사가 처음 시작된 1960년대부터 개표결과는 물론 선거 승리 요인을 찾는데 활용됐다고 합니다.

올해 대선에서도 방송 3사는 한국방송협회 산하 KEP(Korea Election Pool, 방송사공동예측조사위원회)를 통해 공동 출구조사를 실시하는 것으로 알려졌습니다. 미국의 경우 비용 절감 방안의 하나로 여러 방송사가 공동으로 출구조사와 선거예측 보도를 하는 사업이 1990년에 시작됐습니다. 1993년 기존의 VRS(Voter Research & Surveys)는 각 방송사와 AP통신에 득표 결과를 제공하는 VNS(Voter News Service)와 합병됐습니다. 그러다가 2000년 대선과 2002년 상하원 선거 예측 실패 이후 2004년부터는 NEP(National Election Pool)란 새로운 조직을 만들어 출구조사에 임하고 있습니다.

비표집오차와 소수점 표기

여론조사를 보도할 때의 기본적 지침은 크게 다르지 않습니다. 양국 모두 언론사와 여론조사협회, 학술단체 차원에서 기본적 지침을 정해놓고 그 실천을 권고하고 있습니다. 또 선거와 관련해선 선거관리위원회 차원에서 계도와 단속이 이루어지고 있습니다. 가령, 조사주체와 시행기관, 표본의 크기와 추출방법, 응답자 접촉방법, 오차범위와 응답률 등 조사개요나 방법에 관련된 기술적 세부사항은 반드시 포함시켜야 합니다.

여론조사 보도와 관련해 미국에서 시행하고 있는데 비해 한국엔 그렇지 않은 것이 두 가지가 있습니다. 첫째, 비(非)표집오차(Non-sampling Error)에 대한 표기. 아시다시피 표집오차에 대한 표기는 매우 일반화되어 있습니다. 가령, "이번 조사의 최대 허용 오차범위는 95% 신뢰수준에서 ±3.1%포인트"란 표현이 그것입니다. 모집단 중 일부인 표본을 대상으로 실시한 여론조사 결과는 일정 범위의 오차범위를 가지고 있고, 표본크기를 고려한 계산공식에 의해 수치를 산출할 수 있습니다. 그러나 여론조사 결과에는 표집오차 이외에도 질문지 작성, 면접원 요인, 통계적 처리 등에서 발생할 수 있는 비표집오차가 개입됩니다. 그럼에도 불구하고 한국의 여론조사 보도에선 이런 점이 전혀 언급되지 않고 있는 것이 현실입니다. 특히 실사 과정에서 면접원의 숙련도와 자의적 판단으로 인해 발생되는 문제점은 우리의 상상을 초월하고 있다는 것이 상당수 전문가의 지적입니다.

둘째, 조사결과 수치에서의 소수점 미(未)사용. 한국의 여론조사 결과 표기에 있어선 소수점 이하 첫째 자리 숫자를 밝히는 것이 일반화되어 있는 반면, 미국에선 소수점 이하의 숫자는 표기해선 안 된다는 입장을 가지고 있습니다. 가령, 한국에선 '박근혜 48.1%, 안철수 48.4%'로 표기하는데 비해, 미국에선 '오바마 48%, 롬니 48%'로 표기하고 있다는 겁니다. 이런 차이는 소수점 이하의 수치 표기가 더 정확할 뿐 아니라 세밀한 정보를 제공한다는 무지와 착각에 기인하고 있습니다. 조사결과엔 늘 오차가 발생합니다. 계산할 수 있는 표집오차 뿐 아니라 계산이 불가능한 비표집오차까지. 도대체 어느 정도의 비표집오차가 개입된 조사결과인지도 모르면서 48.4%보다 48%가 더 정확한 수치인지 어떻게 또 누가 알고 있단 말입니까.

결국 여론조사의 정확성에 대한 양국의 인식 차이가 드러납니다. 한국의 여론조사를 둘러싼 이해 관계자들은 여전히 여론조사의 정확성 환상에 사로잡혀 있습니다. 이들의 문제점은 두 가지로 요약할 수 있습니다. 첫째, 예측 실패로부터 배우고자 하는 의지나 노력이 거의 없습니다. 선거 결과를 예측하는 일은 매우 어렵고 고위험을 감수하는 비즈니스입니다. 상당한 비용과 투자가 선행돼야 하고요. 정확한 조사는 물론 그렇지 못한 조사가 왜 그런 결과를 초래했는지 이해하는 것이 매우 중요합니다. 둘째, 정확성이 현격히 감소할 수밖에 없는 최근의 현실에 둔감합니다. 선샤인 힐리거스(Sunshine Hillygus)는 "투표 행동을 이해하는데 있어서 여론조사만큼 뛰어난 것이 없지만, 여론조사의 탁월성이 눈에 띠게 줄어들고 있다"면서 "여론조사 실시 횟수가 크게 늘어난 것과 동시에 여론조사의 영향력도 그 만큼 감소하고 있다"고 말했습니다.

전통적 미디어의 대체

TV · 신문 등 전통적 미디어를 보완 대체하기 위한 움직임은 이미 오래 됐습니다. 가장 극적인 사례는 2012년 2월 AOL에 매각된 유명 블로거를 기반으로 한 온라인매체 허핑턴포스트(The Huffington Post)

입니다. 미국의 경우 인터넷, 블로그, SNS를 통한 여론조사가 매우 활발합니다. 여론조사 주체 역시 전통적 미디어 대신 기업가적 마인드로 무장한 여론조사 전문가들(Entrepreneurial Pollsters)이 주도하고 있습니다. 이들은 블로그 및 여론조사 복합 웹사이트(Polling Aggregation Websites)라는 무한한 활동 공간을 기반으로 하고 있습니다. 가장 대표적인 사이트로 뉴욕타임스 정치 부문 내에서 선거 예측을 맡고 있는 네이트 실버(Nate Silver)의 FiveThirtyEight.com을 비롯해 Pollster.com, the Princeton Election Consortium, Real ClearPolitics.com 등이 있습니다(실버는 케이블채널 ESPN으로 자리를 옮겼습니다).

전통적 미디어를 대체하는 공간의 활용은 한국 여론조사 관련 종사자들에게 주요한 시사점을 제공하고 있습니다. 첫째, 여론조사와 관련된 상세하고 심층적 보도가 가능해졌습니다. 선거 여론조사를 보도할 때 반드시 포함해야 할 지침은 공직선거법으로 규정돼 있습니다. 지난 2012년 2월 29일 개정된 108조 5항에선 성·연령대별 표집오차 보정방법까지 공표토록 되어 있습니다. 만약 이런 내용을 4~5매의 짧은 기사 안에 모두 소화할 경우 전체 기사 중 절반을 차지할 수 있을 겁니다. 여론조사에 포함된 다른 내용과 계층별 분석을 자세하게 기술할 수 없었던 점도 웹사이트 공간을 통해 해소할 수 있고요.

둘째, 여론조사 보도의 품질을 개선할 수 있습니다. 미국 업체와 상당수 전문가들은 자체 웹사이트를 통해 지속적으로 조사결과를 보도해 왔고 일부에선 수익도 창출해 왔습니다. 새로운 비즈니스 기회를 마련할 수 있다는 얘기입니다. 미국의 경우 FiveThirtyEight.com 등 여론조사 비즈니스 성공 사례가 축적돼 있는데 반해, 한국에선 여전히 면접원의 인건비에 크게 의존하고 있는 '천수답(天水畓)'식 경영에 머물고 있습니다. 전통적 미디어를 대체하는 웹사이트가 새로운 기술과 정보 환경 속에서 여론조사 전문가들의 연구와 창의성을 분출할 수 있는 공간으로 활용될 수 있기를 기대해 봅니다.

_ 2012. 9. 13

※ 이 글은 '신문과 방송' 2012년 9월호에 게재된 것입니다.

IIIII
2012 대선 앞에 선 여론조사

여론조사는 대선 때마다 중요한 역할을 해왔습니다. 본선은 물론 당내 경선에서도 말입니다. 물론 역대 대선에 따라 상황이 조금씩 달랐습니다. 새누리당의 경우 예선이 곧 결승이었던 지난 17대 때와 달리 이번은 맥이 좀 빠져 있습니다. 지지율 측면에서 박근혜라는 확실한 선두주자가 있기 때문입니다. 반면, 민주당을 비롯한 야권 대통령 후보 경선은 관심을 끌 거 같습니다. 그 과정에서 여론조사가 결정적 역할을 할 수 있고요.

아직 장담하기 이르지만, 올 대선은 10년 전 상황과 유사한 점이 많습니다. 여권 후보 자리는 경쟁자가 아예 없는 대신, 야권 후보는 군웅할거(群雄割據)하는 모습이 말입니다. 이번의 경우 새누리당 유력 후보 자리엔 박근혜 전 대표가 진작부터 자리를 잡고 있는 반면, 민주당 당내 후보엔 김두관 문재인 손학규 정동영 정세균 등 쟁쟁한 인물이 경쟁하고 있고, 야권 후보 단일화 대상으로 안철수 서울대 융합과학기술대학원장이 대기하고 있습니다.

10년 전과 비슷한 시나리오가 전개될 경우 여론조사가 중요한 역할을 할 것 같습니다. 이해찬 민주당 대표가 6월 11일 당 상임고문단과의 오찬에서 제시한 향후 대선 일정을 보면 그렇다는 얘기입니다. 9월 중순까지 민주당 대선 후보를 선출하고 11월 초 안원장과의 경쟁을 통해 단일 후보를 선출하겠다고 했습니다. 물론 당시처럼 여론조사에 100% 의존하긴 힘들겠지만, 단일화 협상이 원만하게 이뤄지지 않거나 막판 일정이 촉박할 경우 여론조사 활용이 불가피해질 수 있습니다.

여론조사기관 모임 '한국조사협회'… 혁신이냐 해체냐

그가 회장으로 있는 한국조사협회 소속 42개 기관들은 대통령 선거와 국회의원 선거 등에서 결정적인 밑그림을 그리는 역할을 하고 있다. 하지만 정작 그는 여론조사 결과를 토대로 직접적으로 대통령 후보나 국회의원 후보를 결정하는 것에 대해 극히 회의적이다. 여론조사는 통계적인 오차를 가진 샘플 표본조사에 불과하기 때문. 그는 이 결과를 토대로 중요한 정치행위를 하는 것은 바람직하지 않다고 본다.

지난달, 즉 5월 12일 김정훈 한국조사협회(KORA) 회장이 한국일보와 인터뷰한 내용 중 일부입니다. 대선 관련 여론조사를 맡아서 수행할 조사기관의 입장을 엿볼 수 있습니다. 문제는 그럼에도 불구하고 누군가 여론조사를 대행한다는 점입니다. 2002년 때만 하더라도 서로 맡지 않겠다고 떠밀다 결국 협회 소속 조사기관 두 곳이 단일화 여론조사를 수행했습니다. 조사는 조사대로 하고 욕은 욕대로 얻어먹는 멍청한 짓을 협회가 수수방관한 셈이죠. 올 대선에서도 그런 일이 반복될 가능성이 없지 않습니다.

협회 차원에서 강력한 대응이 필요하다고 봅니다. 대다수 회원사의 인식이 회장의 그것과 동일하다면, 여론조사를 토대로 한 정치행위 참여를 공동으로 거부해야 할 것입니다. 그럼에도 불구하고 2002년 후보 단일화 때처럼 여론조사를 맡아 수행하는 회원사가 있을 경우 강력한 제재를 가해야 할 것입니다. 만약 어떤 회사가 됐든 참여할 수밖에 없다면 역시 협회 차원에서 좀 더 객관적·과학적 방식을 마련해 여론조사의 한계를 최소화하는 조치를 강구해야 하고요. 조사를 의뢰한 정당의 선거관리위원회와 함께 말입니다. 소위 협회라는 곳이 회원사를 말리거나 제재를 가하지도 못하고, 회원사의 요구사항을 한데 모아 관철하지도 못한다면… 어떤 또 다른 존재 이유가 있을까요?

최근 여론조사의 초라한 모습은 차마 쳐다보기 민망할 정도입니다. 4반세기 전 조사 단가를 그대로 유지하고 있으면서도(어떻게 그런 일이 계속되고 있고 또 계속될 수 있는지… 그저 놀랍기만 합니다) 왜 선거 때마다 틀리느냐는 비아냥을 고스란히 감수하고 있습니다. 공멸의 길을 걷고 있음에도 불구하고 경고를 하거나 해결책 마련에 나서는 사람도 거의 없습니다. 개별 회원사 차원에서 감당하기 힘든 일을 논의하고 해결하기 위해 존재하는 것이 협회 아닙니까.

올 12월 대선 앞에서 여론조사(기관)이 더 이상 작아지지 않도록 협회가 적극 나서야 할 것입니다. 비상한 각오로 혁신을 할 것인지, 아니면 이대로 주저앉거나 해체할 것인지… 선택해야겠죠.

_ 2012. 6. 14

||||

폭스뉴스 넘어 뉴욕타임스 같은 여론조사

기자협회보 1608호(2012년 5월 9일자)에 게재된 연합뉴스 워싱턴 특파원의 글을 읽었습니다. 대충 이런 내용입니다. 사실(Fact) 전달에 치중한 CNN이 시청률 하락으로 고전하고 있는데 비해, 색깔과 자극적 뉴스를 선호하는 독자에 영합한 폭스뉴스(Fox News)는 영향력이 확대되고 있다는 겁니다.

언론 본연의 기능이 사실 전달인데… 이게 무슨 소리냐고요. 예, 그렇습니다. 미국민은 물론 비평가들조차 CNN을 가장 신뢰하고 있는 것은 맞습니다. 선거가 있거나 대형 사건·사고가 터지면 CNN을 가장 먼저 찾는다고 합니다. 문제는 사람들이 CNN에서 오래 머물러 있으려 하지 않는데 있습니다. 보수 혹은 진보 매체에선 객관적 사실을 어떻게 바라보고 또 평가하는지 궁금해한다는 거죠.

저널리즘의 고민이자 저널리즘을 넘어선 고민거리. 여론조사도 마찬가지가 아닐까라는 생각이 문득 들었습니다. 여론조사야말로 객관적 현실을 정확히 포착 수렴해 독자들에게 전달해야 합니다. 조사 방법과 절차, 질문내용 등을 엄격히 관리해야 함은 물론이고요. 그런 자세를 견지하고자 노력했기 때문에 가끔은 정치부 기자들과의 갈등이나 마찰을 감수하기도 했습니다. 저널리즘적 시각으로 여론조사를 대해선 곤란하다고 주장하면서 말입니다. 여론조사와 언론과의 관계를 '태생적 불화'로 규정하기도 했고요.

그런데… 웬지 허전한 느낌을 지울 수 없습니다. 아버지 부시 미국 대통령이 걸프전 승리에도 불구하고 클린턴에게 패배한 것과 비슷한 그런 기분 말입니다. 우리나라 언론도 마찬가지겠지만, CNN에게 있어서 정작 중요한 것은 시청률과 영향력 확대 아니겠습니까. 미국 대선의 승리 요건이 전쟁 승리가 아니라 경제였듯이 말입니다. 여론조사도 비슷하지 않겠습니까. 올 12월 19일 대선 때까지 아무도 그 정확성을 알 수 있거나 담보할 수 없는 차기 대선후보 지지율. 정확한 지지율 수치보다 더 중요한 건 여론조사의 영향력 아니겠습니까.

총선과 또 다른 대선 여론조사

총선 여론조사는 정파적 이해에 따른 논란이 비교적 적습니다. 전선이 넓고 통합적·집중적 관리가 어렵습니다. 246개 지역구를 대상으로 하기 때문에 여론조사의 영향력보다 정확성이 더 중요합니다. 이에 비해 대선 여론조사는 정파적 이해에 민감합니다. 전선이 단순하고 집중적 관리가 용이합니다. 최종적으론 여론조사의 정확성이 중요하지만, 그 과정에선 영향력이 훨씬 더 중요합니다. 이런 비유가 맞을지 모르겠지만, CNN보다 폭스뉴스 같은 여론조사가 요구되는 시기죠. 2007년 17대 대선 한나라당 후보 경선 때 이명박 캠프가 박근혜 캠프에 비해 나았던 점 중 하나가 여론조사의 영향력에 대한 인식이었는데… 바로 그런 포인트를 말씀드리고 싶습니다.

무슨 소리냐고 했다간 CNN처럼 되지 말란 법이 없습니다. 평소 지론이나 신념과 관계없이 말입니다. 저널리즘을 넘어선 CNN의 고민… 여론조사도 꼭 마찬가지란 생각입니다. 폭스뉴스를 넘어 뉴욕타임스 같은 여론조사, 즉 정확성(신뢰성)과 영향력이란 두 마리 토끼를 모두 잡을 수 있는 여론조사. 어떻게 가능할까요.

_ 2012. 5. 10

연탄재 함부로 발로 차지 마라

너는

누구에게 한 번이라도 뜨거운 사람이었느냐

총선 D-7일까지 실시된 수많은 전화 여론조사 그리고 총선 당일인 11일 오후 6시에 발표된 방송사 출구조사 등 곳곳에 연탄재가 수북이 쌓여 있습니다. 그 연탄재를 향해 무식하기 짝이 없는 일부, 아니 대다수 기자들이 함부로 발로 차고 있는 일을 서슴지 않고 있더군요. 총선 때마다 제멋대로의 엉뚱한 예측을 남발했던 전문가의 언급을 인용하면서 말입니다.

야당 성향의 '숨은 표 5%'를 들먹이며 '여론조사 정치'의 덫에 빠지지 말라고 경고했던 사람들이 있습니다. 그 위력이 나타나면 또 다시 여론조사가 악몽 혹은 재앙에 빠질 수밖에 없을 거라고 기고만장했던 사람도 있었고요. (여론조사에서 나타난) 새누리당 후보의 예상 밖 선전은 순간적인 '여론'이고 여론조작에 가깝다고 했습니다. 최종 결과로 이어지지 않을 것이란 막연한 (그러나 과감하기 짝이 없는) 높은 자신감은 도대체 어디서 나왔을까요. 초박빙이란 여론조사의 예측과 달리 숨은 표 위력이 나타나 민주당이 1당이 되면 가만 두지 않겠다는 분위기였습니다. 그 분들 지금 다들 어디 가셨습니까.

그토록 갈망했던 '숨은 표 5%' 찾았습니까

연탄재 찾아서 그토록 목을 맸던 기자들입니다. 벌써 잊은 것일까요. 너도나도 연탄재를 툭툭 차면서 지나가고 있습니다. 뭘 제대로 알고 얘기했으면 자신의 잘못을 파악하고 반성을 할 수 있겠지만… 그렇지도 못합니다. 지금은 찾아보기조차 힘든 고장 난 레코드처럼 선거만 끝나면 똑같은 내용을 반복 생산하고 있습니다. "또 여론조사 틀렸다"는 기사 말입니다. 인터넷 포털 사이트에서 '여론조사'를 한 번 검색해 보십시오. 멀리 갈 것도 없습니다. 2010년 지방선거, 2011년 서울시장 보궐선거 직후와 최근을 한 번 비교해 보십시오.

정확했다고 항변하는 것이 아닙니다. 여론조사의 정확성이란 게 그리 단순히 말할 수 있는 주제가 아닙니다. 누구나 또 아무나 여론조사를 실시해 발표하는 경우도 있지만, 다른 한 편에선 나름 연구와 개선 노력을 아끼지 않고 있습니다. 몇 천, 몇 만 명 유권자와 접촉해 그들의 생각을 읽어내는 일… 말이 쉽지 그리 만만한 게 아닙니다. 한 마디로 딱 잘라서 틀렸다고 치부할 일이 아니란 겁니다. 도대체 출구조사를 제외한 (D-7일 이전의) 어떤 여론조사가 총선 결과를 예측한다고 했습니까.

연탄재 함부로 발로 차는 일이 제발 없었으면 합니다. 그런 당신은 (여론조사와 관련해) 지금까지 누구에게 한 번이라도 뜨거운 사람이 었는지 묻고 싶습니다. 그런 사람의 발차기라면 아무리 맞아도 아프지 않을 것입니다. 비록 잘게 부셔져 가루가 되더라도 말입니다.

_ 2012. 4. 12

‖‖‖

서울시장 예측조사 결과 검토

2011년 10월 26일 실시된 서울시장 보궐선거 최종 득표율은 무소속 박원순 후보 53.4%, 한나라당 나경원 후보 46.2%였습니다. 두 후보의 지지율 격차는 7.2%포인트였고요. 이 결과를 예측하기 위해 사전 전화 여론조사와 출구조사가 각각 실시됐습니다. 사전 전화 여론조사는 투표 하루 전 혹은 당일 실시됐고, 출구조사 역시 투표일에 실시됐습니다.

주지하다시피 예측조사 결과가 최종 득표율을 얼마나 정확히 맞췄는가의 여부는 여러 가지 방법을 통해 알아볼 수 있습니다. 당선자를 맞추었는지 알아보는 가장 단순한 방식 외에 1위 후보 득표율을 얼마나 가깝게 예측했는지, 또 1위 후보와 2위 후보 각각의 득표율을 동시에 비교하는 방법도 있습니다. 그러나 가장 일반적인 방식은 1위와 2위 후보의 득표율 차이와 예측조사에서 나타난 1~2위 후보의 지지율 격차를 서로 비교하는 방식입니다.

먼저, 10월 26일 오후 8시 투표 종료와 함께 방송사를 통해 공표된 예측조사는 두 개였습니다. KBS-MBC-SBS와 미디어리서치-코리아리서치-TNS코리아의 출구조사 결과와 YTN-한국리서치 투표자 여론조사가 그것입니다. 방송 3사 출구조사는 서울시 전체 투표소 중 50개를 선정해 각 투표소별로 200~250명 내외, 즉 12,000~13,000여명의 투표자가 응답한 것입니다. YTN 여론조사는 전체 서울시민을 인구통계학적으로 대표하는 응답자 Pool 5,000명 중 3,000명을 선별했고, 이들 중 투표일에 투표했거나 투표 예정인 1,754명을 대상으로 집전화 혹은 휴대전화로 질문한 것입니다.

	박원순	나경원	격차
KBS-MBC-SBS/미디어리서치 외	54.4	45.2	9.2
YTN-한국리서치	51.9	47.9	4.0

방송 3사 및 YTN 외에 여러 조사기관 예측치도 우수한 편

이들 외에도 여론조사기관이 비공식적으로 예측조사를 실시해 투표일인 26일 오후 8시 이전에 여론조사 전문기자와 조사연구학회에 보고한 사례가 있습니다. 지난해 지방선거 때의 예측 실패를 만회하고자 노력한 결과를 확인하기 위해서였죠. 한국갤럽과 엠브레인은 각각 집전화와 휴대전화 RDD를 결합한 방식으로, 리얼미터는 집전화 ARS RDD 방식으로, 리서치뷰는 집전화 및 휴대전화 ARS RDD 방식을 각각 사용했습니다.

	박원순	나경원	격차
한국갤럽	52.2	47.4	4.8
엠브레인(적극)	51.7	47.5	4.2
엠브레인(적극+투표시간)	52.5	46.7	5.8
리얼미터	50.7	47.6	3.1
리서치뷰(유선)	55.5	43.2	12.3
리서치뷰(무선)	55.9	42.5	13.4

방송 3사 출구조사 및 YTN 여론조사의 예측력도 우수한 편이지만, 한국갤럽과 엠브레인 조사결과도 이에 못지 않습니다(엠브레인은 '적극 투표층' 결과와 '적극 투표층+투표 시간 지정자' 결과로 구분돼 있습니다). 비록 ARS를 통해 조사했지만, 리얼미터 조사결과도 괜찮은 편이었고요.

물론 이번 서울시장 보궐선거에서의 예측력이 앞으로 계속될 것이란 보장은 없습니다. 특히 내년 4월 국회의원 선거의 경우 출구조사는 물론 전화 여론조사의 진짜 예측력을 검증할 수 있는 주요 시험대입니다. 그러나 지난 1년여 시간과 마찬가지로 예측력을 끌어올리기 위한 조사업계를 비롯한 학계·언론계의 노력은 남은 5개월 동안에도 계속될 것입니다. 그럼에도 불구하고 또 다시 실패할 수 있겠지만 말입니다.

_ 2011. 10. 30

▌▌▌▌▌
보고 싶은 것만 보는 사람 이해하기

지난 주말 〈보이지 않는 고릴라〉란 책이 여러 신문에 소개돼 있더군요. '인간은 자신이 보고 싶은 것만 본다'는 명제를 하버드 대의 젊은 심리학자 두 명이 간단한 실험으로 입증하고 있다는 내용입니다. 그런데 3월 2일 오후 인천 삼산월드체육관을 찾은 농구 팬을 대상으로도 동일한 실험이 이루어졌다고 합니다. 휴식 시간에 전광판 동영상을 보고 패스 횟수를 맞추는 퀴즈를 냈는 데… 중간에 고릴라가 어슬렁거려도 참가자 절반 이상이 "고릴라 를 못 봤다"고 답했다는군요. 패스 횟수 세는데 정신이 팔려서 말입니다.

개인적으로 이런 상황을 겪은 적이 있습니다. 아내와 딸… 셋이 서 저녁을 먹고 커피전문점에 갔습니다. 둘이 재미있게 얘기를 하길래 물끄러미 바라보고 있다가 스마트폰을 한두 번 만지작거렸 죠. 그러다 시간이 늦었다 싶어 그만 들어가자고 했는데… 아 글쎄

자기들 얘기할 때 스마트폰만 만지면서 가만히 있더니 왜 갑자기 들어가자고 하느냐고 따지더군요. "스마트폰으로 딴 짓 한 적이 없다. 그냥 한두 번 만지작거렸을 뿐"이라고 해명해도 "당신은 (혹은 아빠는) 평소에도 늘 그렇지 않았느냐"면서 (제가 주장하는) '진실'을 이해하지 않으려고 하더군요.

'인간은 보고 싶은 것만 보고자 한다'는 명제 앞에서 새삼 지금까지 수집 보도한 여론이 제대로 된 여론이었을까 회의가 들더군요. 위의 사례가 그렇지 않습니까. 첫 번째 사례의 제대로 된 여론은 "동영상 속에 고릴라가 어슬렁거렸다"입니다. 누구도 부인할 수 없는 진실입니다. 그러나 응답 대상자의 여론이 거의 둘로 나뉘고 있다는 것이 결론입니다. 제 개인적 사례 역시 진실과 '보고 싶은 것만 보는 사람'의 여론이 달랐고요. 결국 〈보이지 않는 고릴라〉의 저자 중 한 사람인 크리스토퍼 차브리스(Chabris) 교수의 다음과 같은 지적에 동감을 표시해야 할 것 같습니다.

> 미디어에선 미국이 '빨간색 동네(Red States · 공화당 지지 지역)'와 '파란색 동네(Blue States · 민주당 지지 지역)'로 양분됐다고 한다. 그러나 실제로는 대부분의 지역이 '보라색 동네(Purple States · 양당이 박빙인 지역)'다. 인간의 마음은 자신과 정적(政敵)이 서로 다른 점은 금방 알아채는 반면 비슷한 점은 잘 모르거나 외면한다. 미국 공화당과 민주당은 사사건건 대립하는 것 같지만, 외부에서 보면 차이점보다 공통점이 더 많다. 미국은 강력한 사회당도 공산당도 또 극좌 우익 정당도 없는 나라다.

진짜 여론과 체감 여론

 이와 관련해 최근에 접한 〈디퍼런트(Different)〉(문영미 저, 박세연 역, 2011)란 책을 소개하고 싶습니다. 마케팅 분야에서 '보고 싶은 것만 보는' 인간을 이해하기 위해선 일차원적 접근 대신 입체적 접근이 필요하고, 모순적 개념들을 다소 복잡한 방식으로 묘사할 필요가 있음을 역설하고 있습니다. 다음은 저자의 머리말 중 일부입니다.

> 나는 학생들에게 마케팅이란 '기업'과 '실제의 사람'이 만나는 공간에서 만 기능을 하는 것이라고 강조한다. 하지만 여기서 문제는 '실제의 사람' 들이 기업들과 전혀 다른 방식으로 세상을 바라보고 있다는 사실이다. 현실 속의 사람들은 절대로 분명한 목표의식을 가지고 이야기를 하지 않는다. 그리고 그들을 둘러싸고 있는 환경을 알고리즘이나 생산 공정 으로 분석하지 않는다. 현실 속의 소비자들은 비즈니스 세계를 하나의 유기체로 이해한다. 그렇기 때문에 실제의 사람들이 가지고 있는 생각 은 독특하고 복잡하고 모순적이고 또 예측하기 어려운 것이다.

 〈디퍼런트〉의 저자는 또 다음과 같이 말했습니다. "현실 속의 소비자들이 가지고 있는 사고방식과 태도를 있는 그대로 바라보고 자 한다"고요. '보고 싶은 것만 보는 인간'을 이해해야 하고 또 그렇게 하겠다는 말씀입니다. 이와 같은 인식이 다른 분야에서도 필요하다고 봅니다. 고릴라가 어슬렁거려도 퀴즈에 집중하느라

이를 못 본 관중의 사고방식과 태도를 엄연한 현실로 받아들여야 합니다. 아내와 딸을 나무라기 이전에 왜 그들이 아빠를 그렇게 인식하고 있는지 고민해야 합니다. 마치 경제 지표와 다른 체감 경기를 이해하고 받아들여야 하듯이 말입니다.

_ 2011. 3. 10

제6장

새로운 출발: 방법론

ⅠⅠⅠⅠⅠ

'미국 편향'에서 비롯된 조사기관 편향^{※)}

여론조사는 물론 통계학에 대한 지식이 부족해 선뜻 작업에 착
수하기가 자신이 없었습니다. 그러나 몇몇 지인과 독자들의 격려
에 힘입어 부족하나마 제 의견을 피력할 수 있는 용기를 냈습니다.
다른 한편으로 한국 조사기관의 역사와 관행에 입각해 박 교수의
논문을 엄밀히 검토할 필요가 있다는 생각을 감히 하기도 했습니
다(저의 지식 부족과 편향으로 인한 사후 비판은 기꺼이 감수하겠습니다. 이와
관련해 추가 논의가 있기를 희망합니다).

두세 차례 정독한 결과, 박 교수의 논문 '제18대 대선 여론조사
에서 나타난 조사기관 편향'은 미국 조사기관과 그들이 만들어낸
조사결과 분석에 이론적 기반을 가지고 있었습니다. 그리고 이에

※ 이 글은 한국조사연구학회가 발간하는 학술지 '조사연구'(2013년 14권 1호)에
   실린 서울대 정치외교학부 박종희 교수의 논문 '제18대 대선 여론조사에서
   나타난 조사기관 편향'을 읽고 쓴 것임을 밝힙니다.

바탕해 한국 조사기관과 이들이 발표한 18대 대선 여론조사 결과를 거의 무비판적으로 평가한 것이란 결론을 내렸습니다. 적지 않은 차이를 보여주고 있는 한국과 미국의 조사 환경과 관행에 대한 충분한 검토 없이 말입니다. 특히, 독립적으로 운영하다 최근 뉴욕 타임즈에 인수된 정치통계 전문 블로그 www.fivethirtyeight. com(제 블로그 2009년 2월 19일자 '정치에 웬 통계… FiveThirtyEight.com' 을 참고하십시오. 이하에선 '538.com'으로 표기)을 주도하고 있는 Nate Silver(이하에선 '실버'로 표기)의 분석방식에 지나치게 의존하고 있다는 느낌을 받았습니다.

지극히 부실한 분석 재료

먼저, 박 교수의 주장을 담은 논문의 분석 재료가 너무 부실합니다. 과연 분석할 만한 가치가 있고 또 그럴만한 내용을 담고 있는 재료인가에 대해 의문이 있습니다.

박 교수가 밝혔듯이, 분석에 사용된 자료는 한국갤럽이 2012년 9월 3일부터 12월 19일 선거 당일까지 집계한 '언론 공개 선거 여론조사 비교자료'입니다. 언론을 통해 발표된 대선 여론조사 결과, 즉 다자 대결 지지율을 엑셀로 집계했는데… 자료라고 말하기조차 어려운 것입니다. 박 교수도 "개별 조사기관의 조사방법에 대한 보다 상세하고 체계적인 자료가 부족하다"고 밝히고 있지만, 소위 메타 분석을 하기 위해선 개별 조사의 집계표 정도는 확보해야 하는 것 아닐까요. 이런 상황에서 "실제 표본의 크기가 아니라 표본에서 모른다고 답한 응답자나 응답 회피자 그리고 군소 후보 지지자의 수를 뺀, 유효 표본크기를 이용했다"고 했는데… 기왕에 확보된 부실 자료를 통해 어떻게 그런 일이 가능한지 의문스럽습니다.

자료의 포괄성 측면에서도 문제가 있습니다. 일단 한국갤럽이 언론에 공개된 선거 여론조사를 빠짐없이 확보했다는 증거가 없습니다. 누락된 조사결과가 얼마든지 있을 수 있단 얘기입니다. 특히 여론조사 공표 금지 기간 이후에 실시된 수많은 여론조사 결과가 대부분 누락됐습니다. 박 교수는 "여론조사 공표 금지 이후의 자료는 갤럽에서의 추가 자료와 언론 보도결과를 통해 추가했다"고 했는데…. 아시다시피 선거 1주일 전부터 선거일까지 실시된 조사결과는 현행 선거법 상 언론을 통해 공개할 수 없고, 또 한국갤럽이 추가로 확보하기도 곤란합니다.

게다가 지난 18대 대선은 박빙 상황으로 인해 공표 금지 이후 상상하기 힘들 만큼 많은 조사가 이루어졌습니다. 또한 실제 득표율과 유사한 여론조사 결과가 매우 많이 나왔다는 점을 미리 밝혀 둡니다. 나중에 다시 언급하겠지만, "선거 1주일 전이나 10일 전 여론조사가 선거 당일이나 선거 직전의 여론조사에 비해 예측적 정확성이 더 높았다는 반직관적 사실을 발견했다"는 박 교수의 결론과 상이한 조사결과가 매우 많았다는 얘기입니다. 너무나 많은 팩트가 널리 존재함에도 불구하고 연구자가 미처 파악하지 못했기에 '반직관적 사실'이 마치 팩트처럼 취급을 받고 있는 셈입니다.

국내 조사기관에 대한 과대 평가

국내 조사기관에 대한 박 교수의 신뢰가 미국 조사기관의 그것과 거의 유사하다는 사실이 놀랍기만 합니다. 자료의 공개 여부, 즉 투명성만 빼고 말입니다. 도대체 국내 조사기관에 대한 높은 평가와 신뢰는 어디에서 유래한 것이며, 어떤 근거에 기반하고 있습니까.

조사방법의 투명성을 통한 신뢰 구축이 무엇보다 중요하다는 점에 대해선 전적으로 공감합니다. 논문에서 소개하고 있는 '선거 여론조사에 대한 감식분석 사례'에 대해서도 동의합니다. 그러나 그것은 고도의 투명성을 요구받고 있는 미국의 사례일 뿐입니다. 박 교수가 분석 대상으로 삼고 있는 국내 22개 조사기관의 투명성은 어떨까요. "기본적인 질문을 담은 설문조사를 시도해 봤는데, 17개 조사기관 중 단 두 곳만 답해 왔다"고 스스로 언급한 바 있더군요(2012년 12월 18일 'Slow News' 인터뷰 참고). 국내 조사기관의 투명성을 단적으로 보여주는 사례로 충분하지 않습니까.

더 큰 문제를 말씀드릴까요. 언론을 통해 여론조사 결과를 공표할 때 반드시 포함시켜야 할 사항에 대해선 어떻게 생각하십니까. 언론사가 조사결과와 함께 공표하는 표본추출방법, 자료수집방법, 응답률 등에 대해 얼마나 신뢰하는가요. 아시다시피 응답률은 조사기관마다 계산공식이 달라 천차만별입니다. 그래서 응답률이 높다고 반드시 좋은 것이 아닐 수도 있습니다. 그 뿐 아닙니다. 이름만 대면 알만한 메이저 조사기관조차도 조사방법을 실제와 다르게 공표하는 일을 버젓이 자행하고 있습니다. 가령, 집전화만으로 조사하면서 휴대전화를 섞었다든지, 거꾸로 집전화를 병행하면서 휴대전화로만 했다고 거짓 발표하는 경우가 있다는 얘기입니다. 언론에 보도된 사실조차 늘 믿을 수 있는 게 아니란 것이 국내 여론조사 공표의 현실이란 얘기입니다.

그럼에도 불구하고 박 교수는 한국갤럽이 집계 제공한 '언론 공개 선거 여론조사 비교자료'를 철저히 믿고 있습니다. 국내 조사기관에 대한 과대 평가는 다분히 538.com 운영자인 실버의 영향력 때문이 아닐까 추측해 봅니다. 물론 실버에 대해선 저보다 더 많이 알고 계시겠죠. 자신의 예측에 있어서 조사기관의 신뢰성을 중요하게 평가 반영하고 있는 실버의 분석방식은 기본적으로 조사기관의 신뢰성이 전제되지 않고는 이루어질 수 없는 것입니다. 다시 말해 조사기관의 '절대적 신뢰성'이 보장되는 것은 물론 '상대적 신뢰성'까지 측정할 수 있어야 분석 가능한 것이란 얘기입니다. 결국 실버가 두 번의 미국 대선을 정확히 예측할 수 있었던 바탕엔 미국 조사기관의 높은 신뢰성과 정확성이 깔려 있었다고 봅니다.

실버의 분석방식에 대해선 저도 많은 관심을 가지고 있습니다. 어떻게 하면 한국 선거에 적용할 수 있을까 이런저런 고민도 했었고요. 그러나 한국 선거에 적용하기 위해선 적어도 몇 가지 결정적 한계를 극복해야 했습니다. 첫째, 실버의 분석방식을 따르기엔 저의 통계학적 지식이 너무 부족했습니다. 둘째, 조사기관의 절대적·상대적 신뢰성을 평가하기가 너무 어려웠습니다. 실버의 분석은 특히 내년(2014년)에 실시될 지방선거 때 광역단체장 선거 예측에서 유용하게 사용할 수 있지만, 위의 두 가지 한계 때문에 감히 착수할 엄두를 내지 못하고 있는 실정입니다.

그러나 무엇보다 가장 결정적인 한계는 한국 조사기관 전반의 신뢰성이 부족하다는 점이었습니다. 우리의 경우 신뢰성을 유의미하게 측정할 방법도, 기회도 없었습니다. 물론 주요 선거에 대한 여론조사와 출구조사를 대상으로 한 신뢰성 평가를 예로 들 수 있지만, 이런 방법으로 충분하지 않았고 또 신뢰성이 크게 나아지지도 못했습니다. 결국 만족할 만한 수준의 신뢰성이 갖추어지지 않을 경우 실버의 분석방식을 활용한 선거 예측은 의미가 없다고 판단합니다. 국내 조사기관에 대한 과대 평가에 입각한 박 교수의 논문 역시 예외가 아니고요.

국내 조사기관은 아직 전반적으로 신뢰성이 부족하다는 게 저의 소견입니다. 박 교수의 언급처럼, 자신의 자료를 공개하지 않으려고 하는 것이 투명성 부족의 결정적 근거입니다(물론 이 부분은 조사 의뢰처의 인식 부족 탓도 있습니다). 열악한 조사단가 때문에 초래된 것이지만, 조사방법의 개선을 위한 노력이 턱없이 부족한 것도 신뢰성 부족 지표 중 하나입니다. 필자가 조사기관에 근무하던 사반세기 전에 비해 조사기관의 신뢰성이 나아졌을까요. 만약 그렇다면, 당시의 조사단가가 현재까지 유지 감수되고 있는 일이 어떻게 가능하겠습니까. 자신의 실수나 잘못을 떳떳이 밝히고 이를 개선하기 위해 노력하기보다 자신들이 정확히 예측했다는 사실을 널리 알리지 못해 안달하는 모습도 조사기관의 신뢰성과 거리가 있어 보입니다.

추세 분석 63% 차지한 4개 조사기관 신뢰성

차마 내키지 않지만… 박 교수가 지지율 추세 파악을 위해 중요하게 사용한 4개 조사기관(리얼미터, 한국갤럽, 리서치뷰, 리서치앤리서치)에 대해서도 언급해야겠습니다. 논문 분석에서 이용한 조사기관은 모두 22개였고, 이들 조사기관의 전체 조사기간은 414일이었습니다. 가장 조사회수가 많았던 4개 조사기관(리얼미터 85일, 한국갤럽 75일, 리서치뷰 63일, 리서치앤리서치 38일)의 조사기간은 261일로 전체의 63%를 차지하고 있습니다.

22개 중 4개 조사기관이 차지하는 비중이 너무 높은 것은 문제입니다. 이들 기관의 조사 회수가 그만큼 많았기 때문에 일면 불가피한 측면이 없는 건 아닙니다. 그러나 4개 조사기관이 산출한 결과가 전체 결과, 즉 대선 여론 추세를 좌우한 것으로, 또 추세 분석의 대표성을 가진 자료로 사용한 것은 커다란 편견을 초래할 수 있습니다. 4개 조사기관 중 조사 회수가 비교적 많았던 소위 메이저급 조사기관은 한국갤럽 한 곳에 지나지 않습니다. 방송3사와 거의 독점적으로 조사를 수행하고 있는 메이저급 조사기관, 즉 미디어리서치, 코리아리서치, TNS 등은 조사기관의 신뢰성에 비해 현저히 적은 비중으로 논문에 포함돼 있습니다. 결국 메이저 조사기관이 발표한 대선 여론조사 결과와 비교해 마이너급에 겨우 포함될 조사기관의 대선 여론조사 결과가 박 교수의 논문에서 수십 배 반영됐다는 얘기입니다.

더 큰 문제는 과연 이들 4개 기관이 전체 조사기관을 대표할 수 있는가 하는 것입니다. 이들 4개 조사기관의 절대적 신뢰성에 대해선 별도의 지표나 자료가 없기 때문에 여기서 언급하기가 쉽지 않습니다. 그러나 조사업계와 관련 학계 및 언론계, 고객사 종사자를 통해 이들에 대한 개략적인 평가를 한 번 들어보십시오. 적어도 제가 알기로 한두 업체를 제외하곤 높은 평가를 받지 못하는 것으로 알고 있습니다. 논문에서 차지하는 비중을 고려할 때 동료 교수 혹은 조사협회나 조사학회를 통해 이들 조사기관의 신뢰성에 대한 최소한의 검토가 필요했다고 보는데, 논문 어디에서도 그런 언급이 없는 것이 아쉬울 따름입니다.

게다가 이들 4개 조사기관은 서로 상이한 조사방법, 가령 집전화 ARS, 휴대전화 면접원 인터뷰, 집전화+휴대전화 면접 등을 각각 사용하고 있습니다. 전체 분석 대상 조사결과 중 63%를 차지하는 조사기관의 결과물이 서로 상이한 방식으로 산출됐다는 얘기입니다. 학술적으로도 아직 제대로 검증되지 않은 방식으로 말입니다. 그런 조사결과를 한데 섞어 어떻게 대선 여론조사의 '추세적 정확성'을 파악하는 일이 가능하다고 생각했을까요. 과연 미국 대선 여론조사에서도 이처럼 상이한 조사방식으로 산출된 조사결과를 활용해 추세 정확성을 파악하고 있는지 궁금하군요.

"하루 이상의 조사기간을 가진 여론조사가 그 평균값만 제시된 경우, 해당 조사기간 전체에 걸쳐 그 평균값을 반복해서 기입하고 유효표본의 크기를 조사기간으로 나누었다"는 것도 문제가 있습니다. 가령, 9월 첫째 주 한국갤럽의 주간(9.3~7) 집계에서 박근혜 후보의 평균 지지율이 40%였다면, 9월 3일부터 7일까지 엿새

동안 매일 40%라는 지지율을 반영했다는 얘기입니다. 한국갤럽의 경우 엄연히 일일 결과, 즉 매일의 지지율을 집계 산출하고 있는데, 평균값을 반복 기입해 반영하는 것이 과연 타당한가요. 오히려 매일의 상이한 지지율 수치를 파악해 반영하는 것이 더 정확하지 않을까요.

'예측 정확성' 대신 '추세 정확성'이라고요?

박 교수 논문은 기존 선거 여론조사의 '예측적 정확성' 대신 조사기관 편향 분석에 기초한 '추세 정확성'에 초점이 맞추어져 있습니다. "선거운동 기간 내에 진행된 많은 수의 후보 선호도 조사를 평가에서 배제하는 것이 현존 선거 여론조사 평가의 한계"라고 지적하고 있더군요. 이런 지적은 일면 타당한 측면이 있습니다. 특히 최종 투표 결과를 누가 더 정확히 맞추었는지에 대해 관심이 많은 한국 상황에선 말입니다.

그러나 추세 여론조사에 대한 관심은 국내에서도 이미 적지 않은 것으로 알고 있습니다. 더 중요한 것은 추세 파악을 위한 여론조사와 예측을 위한 여론조사는 명백히 구별할 필요가 있지 않습니까. 박 교수의 인식처럼, 추세 정확성이 예측 정확성의 대안이거나 대안적 연구주제라는 주장은 과문한 탓인지 모르겠지만 생소한 느낌입니다.

또한 박 교수는 선거운동 기간에 이루어진 여론조사 추세가 최종 득표율에 반영돼야 한다는 가정(전제)을 깔고 있는데, 이것은 한국의 선거과정 혹은 선거의 역동성을 간과한 것으로 판단됩니다. 특

히 막판 변동성이 여전히 큰 한국의 정치 상황에선 말입니다. 여론
조사 결과를 보고 기꺼이 후보 사퇴를 감수하는 미국 상황에서야
여론조사 추세가 최종 득표율과 밀접한 관계를 갖고 있다는 믿음이
깔려 있겠죠. 한국은 어떨까요. 아시다시피 한국 선거에선 여론조
사에서 1위를 달리는 후보를 제외한 모든 후보들이 여론조사에 오
류가 개입됐다거나 지지율 수치를 무시하는 경향이 일반적입니다.

게다가 국내의 경우 예측 조사의 정확성에 대해서도 함부로 장
담하기 어려운 상황이 전개되고 있습니다. 이로 인한 여론조사의
신뢰성 논란이 끊이지 않고 있고요. 이런 상황에서 추세 조사가
과연 정확성 평가의 대상이 될 수 있을지 의문입니다. 과연 추세
조사의 정확성을 어떻게 평가하고 또 조사기관이 실시한 추세 조
사의 정확성 혹은 편향 여부를 어떻게 판단하겠다는 것인지에 대
해서도 잘 모르겠습니다.

박 교수는 스스로 조사기관 편향 요인(혹은 원인)을 파악하기 힘들
다고 언급하고 있습니다. "특정 조사기관을 기준으로 한 고정값을
어떻게 해석할 것이며, 편향 없음에 대한 절대적 판정을 어떻게 내릴
수 있는가라는 비판에 취약하다"고 했습니다. 그래놓고는 결론 부분
에서 "추세의 예측 오차는 선거 막바지에 진행된 여론조사의 예측적
부정확성에 기인하는 것이지, 여론조사 전체의 편향을 보여주는 것
이 아니라는 점을 확인할 수 있었다"고 주장하고 있습니다. 선거
막판에 진행된 여론조사를 충분히 수집하지 못한 상태에서, 또 조사
기관 편향 요인을 판정하는 기준이 취약하다는 한계를 언급하면서
어떻게 이런 과감한 결론에 이를 수 있는지 이해할 수 없습니다.

하나의 조사기관이 여러 개 의뢰처를 가진 경우

사족 같지만, '하나의 조사기관이 여러 개의 의뢰처를 가지는 경우'에 대한 해석도 국내 상황에 대한 무지 때문으로 보입니다. 박교수는 의뢰기관의 수가 증가할수록 조사기관의 고정값, 즉 편향이 줄어드는 관계가 통계적으로 유의미하다고 했습니다. "조사기관과 조사의뢰자가 사실상 하나의 조직인 경우, 조사기관의 독립성이 확보되지 않아 의뢰자의 선호가 조사과정에 개입될 여지가 상당히 클수 있다는 우려가 확인된 것"이라고 했습니다. 또한 "조사의뢰자가 많을 때는 조사기관이 시장 경쟁을 의식해 조사에서 생겨나는 편향을 확인하고 수정했음을 의미하거나, 아니면 편향없는 조사에 대한 선호가 의뢰자의 수를 증가시켰다고 해석할 수 있다"고도 했습니다.

박 교수의 논문 20쪽에 나와 있는 〈표 2〉를 통해 구체적으로 설명하고 싶지만, 조사기관 실명을 거론해야 하는 관계로 여기선 생략하겠습니다. 그러나 표를 한 번 살펴보십시오. 과연 두 개 혹은 세 개 이상의 조사의뢰처를 가진 조사기관이 "시장 경쟁을 의식해 편향을 확인 수정했거나 이를 통해 의뢰자 수를 증가시킨 것"인지 말입니다. 거꾸로 한 개의 조사의뢰처를 가진 조사기관의 경우 "조사기관의 독립성이 확보되지 않아 의뢰자의 선호가 조사과정에 개입될 여지가 상당히 클 수 있는 우려"가 확인되고 있는지 말입니다. '하나의 조사기관과 다수의 의뢰처' 관계에 대한 박 교수의 인식이 다분히 미국 편향에서 초래된 이해 부족 혹은 오해에 기반한 것임을 다시 한 번 확인할 수 있습니다.

_ 2013. 5. 3

총선 지역구 여론조사 방법론 검토

2012년 4·11 국회의원 선거가 3개월 앞으로 다가왔습니다. 지역구 단위로 수많은 여론조사가 실시 보도될 것입니다. 아시다시피 총선은 245개에 달하는 지역구를 감당해야 하기 때문에 여론조사 방법론과 정확성 측면에서 매우 까다로운 시험대입니다. 매번 그랬고, 이번 총선 역시 예외가 아닙니다. 과연 어떤 방법이 가능할까요.

먼저, 가장 보편적인 방식으로 '집전화 RDD'가 있습니다 지난 총선 때와 비교해 확연히 달라진 것이 RDD(Random Digit Dialing; 임의번호 걸기)입니다. 이전엔 전화번호부에 등록된 가구 응답자를 대상으로 한 까닭에 상당수 비중의 미등록 가구 응답자가 제외된 상태로 조사가 이루어졌습니다. 전문가에 따라 조금씩 차이가 있지만, RDD 방식을 채택할 경우 집전화 가구 응답자의 70~80%가량을 포괄할 수 있다고 합니다.

RDD 도입으로 이전에 비해 표본의 대표성이 훨씬 나아졌지만, 여전히 남는 문제가 있습니다. 집전화로 포괄할 수 없는 응답자가 여전히 제외되고 있다는 점 때문입니다. 가령, 집전화 없이 휴대전화만 사용하는 가구, 외부 활동이 많고 귀가시간이 늦은 저연령층 응답자, 인터넷 전화(070) 사용자 등이 조사 대상에서 빠질 수밖에 없습니다. 이런 이유로 인해 2010년 지방선거 이후 몇 차례 실시된 재·보궐선거 때 적용됐던 집전화 RDD가 여전히 여당 혹은 보수 편향에서 벗어나지 못하고 있는 것으로 확인된 바 있습니다.

이를 보완하기 위해선 인터넷이나 휴대전화 조사가 필요한데… 인터넷 조사는 대표성 문제 때문에, 휴대전화 조사는 법적·제도적 문제 때문에 조사의 실효성이 없거나 불가능한 게 현실입니다. 그 결과 정당은 물론 학계·조사업계·언론계조차도 총선 지역구 여론조사를 실시하는데 있어서 집전화 RDD 외엔 대안이 없다는 인식이 널리 퍼져 있습니다.

집전화 RDD의 대안… 휴대전화 패널 활용

'집전화 RDD+휴대전화 패널'은 이런 인식을 넘어서기 위한 시도 중 하나입니다. 온라인 패널조사를 기반으로 한 몇몇 마케팅 조사전문기관이 확보하고 있는 휴대전화 패널을 활용하는 방식입니다(최근엔 정치 및 선거조사 쪽에서도 이런 방식을 활용하고 있습니다). 휴대전화 패널 단독조사 만으로 총선 지역구를 감당하는 것은 물론 문제가 많습니다. 20~30대 저연령층 비중이 너무 많고, 여성 비율도 많은 편입니다. 그러나 상대적으로 고연령층 비율이 높고 외부 활동이 저조한 집전화 응답자와 결합할 경우 현실 적합성이 높아지는 특징이 있습니다. 중앙일보가 2012년 1월 2일자로 보도한 총선 관심 지역구 15곳 여론조사가 이 방식을 이용한 것입니다.

이 방식 역시 한계가 있습니다. 전체 휴대전화 소지자를 대표할 수 없다는 것이 근본적인 문제점 중 하나입니다. 집전화와 휴대전화를 둘 다 소지하고 있는 응답자의 경우 집전화 혹은 휴대전화만 소지하고 있는 사람에 비해 표본으로 뽑힐 가능성이 더 높은 것도 단점으로 지적돼야 합니다. 집전화와 휴대전화 응답자를 성별·연령대별, 조사시간대별 어떤 비율로 배합해야 하는지에 대해 이론적 논의나 경험적 사례가 거의 없다는 것도 한계점 중 하나입니다.

셋째, '휴대전화 RDD' 도입 가능성입니다. 아시다시피 스마트폰을 포함한 휴대전화 가입률 증대로 휴대전화 RDD 방식의 파워와 적합성이 매우 높아지고 있습니다. 특히 전국 조사의 경우 집전화 RDD에 비해 이론적 적합성이 탁월한 것으로 평가되고 있습니다. 총선 지역구 단위에서의 적용이 거의 불가능하다는 것이 단점이지만, 전 지역구를 대상으로 할 경우엔 충분히 도입 가능한 방식으로 상정할 수 있습니다. 비용 측면에서나 조사방법적 측면에서 말입니다. 물론 아직은 이론적 논의 혹은 실험적 단계의 방식입니다. 실사(Fieldwork) 과정에서 미리 예상하지 못한 다양한 문제점이 돌출될 수 있습니다. 특정 지역이 과대 혹은 과소 표집될 가능성이 있고, 조사 협조가 원만하게 이루어질 수 있을지에 대해서도 장담하기 어렵습니다.

전 지역구 대상 출구조사의 의미

마지막으로 '출구조사+전화 여론조사' 혹은 '출구조사'입니다. 출구조사와 전화 여론조사를 병행한 총선 예측은 16대(2000년) 이래 방송 3사가 매번 채택했던 방식입니다. 사전 전화 여론조사를 통해 지역구별 경합도를 측정하고, 경합도가 높은 지역구를 대상으로 출구조사를 실시해 최종 결과를 예측하는 방식이죠. 문제는 경합도가 상대적으로 낮은 지역구, 즉 전화 여론조사를 통해서만 최종 결과를 예측한 곳에서 오류가 적지 않았다는 겁니다. 그 결과 전체 판세 예측에 실패를 거듭했고요.

그래서 나온 방안이 전 지역구를 대상으로 한 출구조사 방식입니다. 방송 3사가 60억 원을 투입해 이번 총선 결과를 예측하겠다는 바로 그 방식입니다. 자세한 내막은 알 길이 없지만, 사전 전화 여론조사도 거의 생략하겠다는 생각인가 봅니다. 물론 방송사 정치부 차원에서 단편적인 여론조사는 이루어지겠죠. 그러나 여론조사에서 나타난 판세를 예측 결과에 참고 혹은 반영하던 과거와 달리 이번엔 출구조사를 통한 최종 예측과 완전히 분리될 것으로 보입니다.

전화 여론조사에 여전히 문제점이 많다는데 동의합니다. 네 번의 총선 예측 실패를 만회하겠다는 의지에 대해서도 박수를 보냅니다. 그러나 말입니다. 아무리 그렇더라도 출구조사에 모든 것을 거는 이런 방식이 과연 어떤 의미가 있을지 회의적입니다. 여론조사의 발전에 어떤 기여를 할 수 있을지도 의문입니다. 그래서 부럽기도 하지만… 오히려 딱하다는 생각이 더 많이 듭니다.

_ 2012. 1. 10

여론조사 개선방안 및 대안 검토

여러 가지 형태의 새로운 조사방법 조합이 만들어질 수 있습니다. 중앙일보-닛케이 공동 조사방법, 즉 'RDD+가구 내 응답자 무작위 선정+부재자 재통화'가 그 중 하나입니다. 금년 말까지 또 다른 조사방법 조합을 테스트할 계획입니다. 물론 비용도 고려하고요. 테스트 결과는 모두 취합해 대안적 조사방법 수립을 위한 기초자료로 삼겠습니다. 앞으로 수년간 적용될 중앙일보의 새로운 조사방법은 내년 초에 소개할 수 있을 것입니다.

제 블로그 2010년 8월 25일자 '중앙일보-닛케이 공동 조사의 의미' 마지막 부분을 옮긴 것입니다. 그 때의 다짐처럼 유선전화 여론조사 개선방안과 새로운 대안 검토로 2010년 하반기를 보냈습니다. 부족하지만… 그 결과 중 몇 가지를 간략히 소개하고자 합니다.

유선전화 여론조사 개선방안

아시다시피 유선전화 여론조사의 가장 큰 문제점 혹은 한계점은 표본의 대표성 부족입니다. 기존 여론조사를 개선하고자 할 경우… 여기에 가장 초점이 맞춰져야 합니다. 결국 시간과 비용을 추가로 투입하는 방법 밖에 없을 것 같습니다. 이와 관련해 여론조사 의뢰자인 조사 주체를 설득하는 것도 주요한 과제가 되겠죠.

중앙일보-닛케이 공동 조사에서 시도된 적이 있는 'RDD(Random Digit Dialing)+응답자 무작위 선정+부재자 재통화' 방식에 애착이 갑니다. 유선전화 사용 가구가 급격히 줄어들고 있다는 점, 전화번호부 미등재 가구가 체계적으로 빠진다는 점 그리고 이에 근거해 표본의 대표성이 부족하다는 점을 상당 부분 해소할 수 있습니다. (전국 1,000명 규모의) 1회 조사 기간이 최소 3일가량 소요되고 2~3배의 비용이 필요하다는 점, 특히 긴급 여론조사나 선거 막판 여론조사 때 이런 점을 감수할 수 있을 것인지가 관건입니다. 전화번호부 등재 및 미등재 가구의 응답 특성, 인구통계학적 차별성 등에 대한 확인이 선행돼야 합니다.

질문지에 대한 개선도 필요하다고 봅니다. "몇 명의 출마 후보 중 누구를 지지하느냐"는 질문이 조사자 입장선 단순 명료하지만, 과연 응답자 입장에서도 그럴까 하는 의문이 있습니다. 영국 총선 사례에 의하면, 선뜻 한 명을 말하기 곤란한 갖가지 이유가 있다고 합니다. 자신의 행동 예측에 대한 일반적 거부감을 포함해서 말입니다. 두 명 이상을 놓고 고민하거나 갈등하고 있는 경우도 있고, 본의든 아니든 거짓 응답의 유혹도 있답니다.

질문과 관련해 세 가지 방안을 생각해 봤습니다. 하나는 지지도를 물을 때 각 후보별로 지지 확률을 묻는 방식입니다. 지난 미국 대선에서 새롭게 소개돼 매우 유효했던 것으로 확인됐습니다(제 블로그 2010년 12월 16일자 '차기 대선에서 박근혜 찍을 확률'을 참고하십시오). 또 하나는 투표율 추정방식을 통해 전체 응답자 중 투표 확실층을 가려내고 이들을 대상으로 지지도를 묻는 방식입니다. 투표 의향 질문을 통해 적극 투표층을 가려내기 위한 시도는 지금껏 계속됐지만, 실제 투표율보다 과대 평가되는 문제를 바로잡지 못했습니다. '사회적으로 바람직한 방향(Social Desirability)' 쪽으로 답하려는 경향 때문이죠(이에 대해선 2010년 11월 10일자 '투표율 추정방법: Item Count Technique'을 참고하십시오). 끝으로 투표 성향 및 지지 후보 파악을 위한 정교한 복합 측정치를 개발할 필요가 있습니다. 지지 후보와 관련된 상관변수, 가령 정당 동일시, 지지 강도, 이념성향 등과의 관계를 규명하고 이를 반영하는 것입니다.

실사(Fieldwork) 시스템에 대한 점검과 개선이 필요합니다. 오래된 관행과 하드웨어 차원에서 어떤 한계점이 있는지(차별성이 있는지), 또 어떤 개선방안이 마련돼야 하는지 검토해야 합니다. 여론조사와 관련해 오랜 경험을 가지고 있는 조사기관 대표에 의하면, "실사 시스템에 대한 점검과 개선이 조사의 신뢰성 확보에 있어서 절반 이상의 중요성을 차지할 것"이라고 하더군요. 면접원 요인에 따른 조사결과의 영향력을 점검할 필요도 있습니다. 가령, 면접원의 인적 구성, 숙련도, 보상체계 등이 그것입니다. 실사와 관련해선 주중과 주말, 오후와 저녁·밤 등 조사시기에 따른 결과의 차이를 점검해야 합니다. 또 매 조사별로 표본 구성비율, 특히 화이트칼라와 주부 및 자영업자 비율에 어떤 변화가 있는지 비교 점검 시스템을 갖춰야 합니다.

유선전화 여론조사의 대안

유선전화 여론조사에 대한 인식이 매우 나빠져 있습니다. 따라서 개선방안 정도로 곤란하다는 지적이 많습니다. 결국 다른 방법을 모색할 수밖에 없다는 얘기죠. 최근 한나라당 홍준표 최고위원과 김용태 의원 등이 휴대전화 여론조사 법안을 추진키로 한 것도 이 때문입니다. 여론조사의 신뢰성을 높이기 위해서란 명분 때문에 개인정보 보호란 이유를 들어 반대하기가 쉽지 않습니다. 특히 저처럼 여론조사 관련 종사자의 경우엔 말입니다.

조사방법의 지평 혹은 대안을 확보한다는 차원에서 전적으로 동의합니다. 그러나 유선전화 여론조사를 대체할 만한 방법인지, 나아가 여론조사의 정확성을 담보할 수 있을 것인지에 대해선 자신이 없습니다. 지금도 휴대전화 여론조사를 전문으로 하는 업체가 있습니다. 유선전화에서 잘 잡히지 않는 표본(가령, 젊은 층, 화이트칼라 직장인 등)을 확보하기 위해 휴대전화로 보충하는 경우가 있습니다. 그러나 휴대전화 조사결과가 유선전화에 비해 더 유효하다는 증거가 많지 않습니다. 유선전화+휴대전화의 경우에도 표본

배분방식에 대한 이론적 정립이 이루어져 있지 않고요. 휴대전화 여론조사가 일반화되더라도 유선전화를 통해 일부 표본(가령, 고령층)을 보완해야 할 것이란 의견도 있더군요.

패널조사, 즉 인터넷이나 휴대폰 응답자 패널을 통한 방식도 있습니다. 대규모 자원자 패널을 확보한 뒤 투표 여부 등 표본설계를 엄격히 할 경우 조사의 신뢰성을 높일 수 있습니다. 지난 2007년 대선 등에서 성공한 사례도 있고요. 마케팅 쪽에서 활성화되어 있기 때문에 관련 기법의 정교성도 우수합니다. 영국 총선 사례에서 알 수 있듯이 막판 민심의 변화, 숨은 표 등은 패널조사를 통해서만 규명이 가능합니다(온라인 패널과 관련해 Public Opinion Quarterly 74(4), Winter 2010 "AAPOR Report on Online Panels"를 참고하십시오).

문제는 각종 개선방안과 대안 검토에도 불구하고 어떤 방안도 여론조사의 정확성을 담보할 수 없다는 것입니다. 기존 여론조사의 정확성이 좀 더 나아질 가능성은 있겠지만 말입니다. 가령, 여론조사 보도의 거품을 해소하는 방안, 여론조사 공표에 따른 영향력을 고려해 보도 금지 기간을 현재의 7일보다 더 단축하는 등의 노력이 병행될 경우 여론조사의 정확성이 한층 높아질 수 있을 것입니다.

_ 2010. 12. 30

선거 여론조사만으론 2% 부족

'알파독(Alpha Dog)'이라고 들어보셨습니까. 브루스 윌리스와 저스틴 팀버레이크가 주연했고 2009년 우리나라에서도 개봉됐던 마약을 다룬 범죄영화 제목이 '알파독'이더군요. 위키리크스가 최근 공개한 미국 외교문서 중엔 푸틴 러시아 총리를 '부패하고 비민주적인 관료국가의 알파독'으로 표현한 문구가 있다고 합니다. "무리를 이끄는 개 중에서 우두머리 개"란 뜻인데, 굳이 이렇게 표현하는 것은 마키아벨리적 요소를 강조하기 위함인 듯 합니다.

최근 〈알파독〉이란 책을 읽었습니다. '그들은 어떻게 전 세계 선거판을 장악했는가'가 부제더군요. 정치컨설팅그룹 소여-밀러를 이끌었던 주요 인물들이 미국은 물론 전 세계 선거에서 보여줬던 놀랄만한 활약상을 정리 소개한 책입니다. 김대중 전 대통령도 이들의 고객이었습니다. 1992년 대선 패배 훨씬 이전부터 자문을 제공했더군요. 1995년 정계 복귀 여부 및 시기, 재단 설립과 노벨

평화상 후보 등에 관여했고, 1997년 대선 승리와 당선 이후까지
도왔습니다. 엄청난 돈을 받으면서 말입니다.

투표 행위의 핵심 동인은 '두려움'

정치컨설팅 관련 지식과 경험이 전무하기 때문에… 많은 것을
배우고 느낄 수 있었습니다. 책의 여러 부분에 빨갛게 밑줄을 치면
서 말입니다. 가령, 다음과 같은 표현들이 있더군요.

- 언론은 선거를 경마 따위의 스포츠 경기처럼 다루기 시작했다.
  정치는 현대적 미디어의 희생양이 되었다
- 네거티브 선거운동을 좋지 않은 것이라고 생각하지만 막상 네거
  티브 광고를 보면 마음이 움직인다
- 주목해야 할 사실은 후보에게 승리를 안겨 주는 이미지를 만드는
  행위가 한편으로는 자멸의 씨앗이란 점이다
- 'Reframing'이 중요한데… 종래의 정치적 아이디어를 참신한 언
  어 혹은 새로운 이야기의 일부로 전환하는 것을 말한다
- 사람들에게 어떤 생각을 강요하는 것은 불가능하지만, 어떤 생각
  을 하도록 유도하는 것은 가능하다고 생각했다
- 우리가 개발한 정치 캠페인은 후보를 우상으로, 네거티브를 진실
  로 만드는 것
- 소여–밀러 사람들은 자신들이 국가적인 대화와 의미 있는 정치
  활동을 축소하고 슬로건과 비방에 몰두하고 정책을 외면한 채

인물과 이미지만을 중시하는, 상상력 부족한 정치를 방조했음을 알고 있다

또, 25년 전 한국의 정치 지도자에게 행해진 다음의 컨설팅은 지금 다시 적용하더라도 손색이 없을 것 같더군요.

1986년. 한국에 대해 아는 것이 전혀 없었던 소여-밀러 컨설턴트 한 명이 DJ를 만났습니다. (정치 지도자가 아니라) 한국을 도덕적으로 통합시킬 인물임을 자처 하면서 사명감과 목적의식을 부각시켜야 한다는 점을 되풀이해서 강조했습니다.

또 이렇게 말했죠. "유권자들은 지쳐 있습니다. 그들은 냉소주의의 프리즘을 통해 정치인을 바라봅니다." 정치계에서 가장 강력한 힘은 정치에 대한 반감이라고 생각했고, 그것을 이용해 권력을 잡는 전술을 모색했습니다. 본말이 전도됐고 표리부동하다는 사실은 중요하지 않습니다. "비결은 이것입니다. 사람들이 두려워하는 것을 찾고 희망을 불어넣는 겁니다. 투표 행위의 핵심 동인은 두려움입니다. 사람들에게 두려움을 안겨준 다음 대안을 내놓는 겁니다."

'부동층'과 '게으른 지지층' 공략이 관건

다들 아시다시피 한때 우리나라의 과제가 이중적이었던 적이 있습니다. 근대화의 진전과 그 문제점 극복을 동시에 이룩해야 했던 적 말입니다. 책을 읽으면서 그런 생각이 들었습니다. 한편으

로 소여-밀러 후예들에게 열심히 배워야 하지만, 다른 한편으로 이들을 극복할 수 있는 방안이 모색돼야 한다고요.

여론조사와 관련해선… 책의 마지막 부분을 특히 주목해 읽었습니다. 정치 분야의 수많은 소여-밀러 후예들이 칼 로브와 같은 새로운 전사들에게 압도당하고 있다더군요. 여론조사, 메시지 및 이미지 관리와 같은 텔레비전 정치학을 본능적으로 이해했던 반면, 로브 등은 미세 규모의 세분화, 맞춤형 메시지, 직접 소통, 계획적인 개인 접촉 등 데이터베이스 정치학을 선도하고 있습니다. 이를 통해 지속적으로 성공하고 있고요. 물론 이런 이유 때문에 소여-밀러가 없어진 것은 아니지만 말입니다.

게다가 지금은 단 몇 표로 승부가 갈리는 시대입니다. 동요하는 소수의 유권자를 사로잡는 것이 매우 중요해졌습니다. '마음을 정하지 않은 유권자'와 '당파심이 강하지만 게으른 유권자'… 이 특수한 두 부류와 효과적으로 커뮤니케이션 할 수 있느냐에 성공이 달려 있습니다. 미국만 그런 것이 아닙니다. 여야 고정 지지층이 지역적·이념적·계층적으로 밀착되어 있는 한국도 비슷합니다. 결국 부동층 일부 그리고 투표 불참 가능성이 있는 기존 지지층을 투표소로 이끌어내는 일이 중요해졌습니다. 선거 여론조사만으로 분석 혹은 감당할 수 없는 일들이 적지 않다는 얘기입니다.

_ 2010. 12. 17

‖‖‖‖‖

차기 대선에서 박근혜 찍을 확률

차기 대선후보 지지율을 묻는 여론조사 결과가 심심찮게 나오고 있습니다. 어떻게 묻느냐에 따라 조금씩 차이가 있지만, 대개 몇 명의 후보를 제시하고 (혹은 제시하지 않은 채) 차기 대통령으로 가장 적합하거나 선호하는 인물이 누구인지 물어서 이를 집계하는 방식입니다.

국내에서 거의 시도된 적이 없지만, 다른 형태의 질문방식이 있습니다. 선택지로 주어지는 대선후보 각각에 대해 투표할(지지할) 가능성이 어느 정도인지 %로 응답해 달라는 겁니다. 2008년 미국 대선의 경우를 예로 들겠습니다.

11월 대선과 관련해 몇 가지 질문을 드리겠습니다. 각 질문에 대해 발생할 가능성이 어느 정도인지 0~100% 사이의 숫자로 응답해 주십시오.

가령, 2~5%는 '거의 없음', 20%는 '가능성 낮음', 45~55%는 '어느 정도 가능성 있음', 80%는 '가능성이 매우 많음', 95~98%는 '거의 확실'입니다.

P1. 올 대선에서 00님이 투표에 참여할 가능성은 어느 정도입니까?

WP2. 오바마는 민주당, 매케인은 공화당 후보입니다. 대선에서 투표할 경우 오바마에게 투표할 가능성은 몇 %, 매케인에게 투표할 가능성은 몇 %, 기타 후보에게 투표할 가능성은 몇 %입니까?

2008년 미국 대선에서 오바마 찍을 확률

이와 관련된 사례로 기존의 지지율 측정방식과 확률로 묻는 방식을 비교 검토하고 있는 논문이 있더군요. 〈Public Opinion Quarterly〉 최근호에 나와 있는 다음 논문이 그것입니다.

A. Delavande and C. F. Manski, "Probabilistic Polling and Voting in the 2008 Presidential Election: Evidence from the American Life Panel", *Public Opinion Quarterly 74(3)*: 433~459. Fall 2010.

'언어 응답(Verbal Polling)' 및 '지지 확률(Probabilistic Polling)' 두 질문과 그 결과 비교를 통해 인터넷 패널조사에서 지지 확률 질문이 실행 가능하고 유용하다는 점을 입증하고 있습니다. 언어 응답역시 투표 행동 예측에 유용하지만 말입니다. 특히 447쪽에 나와 있는 〈표〉를 참고하십시오. 지속적으로 親오바마 혹은 反오바마라고 답한 사람들은 투표행동과 관련해 거의 완벽한 예측치를 제공하고 있더군요. 가령, '지속적인 親오바마'의 경우 최소 70% 이상 그렇게 답한 사람은 '전원', 60% 이상이라고 답한 사람도 100%에 가까웠습니다. 오바마에게 투표할 가능성이 50~59%였던 응답자 41명 중에선 34명이 그를 선택했습니다.

결론적으로 두 가지 응답방식을 함께 사용해 예측할 것을 권하고 있더군요. 초기 단계에선 '지지 확률', 마지막 단계에선 '언어 응답' 예측력이 더 나은 것으로 나타났기 때문입니다. 지지 확률의 경우 지지 성향에 관한 응답자의 불확실성을 충분히 표출할 수 있다는 점에서 특히 강점이 있더군요. 상당수 유권자가 마음을 정한 선거 막판엔 언어 응답을 통해 후보자 한 명을 꼽는 방식이 유용할 수밖에 없겠죠.

조사 과정에서 검토 및 고려해야 할 사항이 있을 것입니다. 낯선 질문에 대한 응답자의 반응, 질문지 길이가 길어진다는 단점, 인터넷 패널 확보 등 실행상의 문제점 등이 예상됩니다. 뭐라 딱 꼬집어 말하기 그렇지만… 기존의 언어 응답에 대해 단순 명료하게 답할 수 없는 복잡한 감정 및 상황 등이 지적돼 왔습니다(이것이 선거 예측 실패의 원인 중 하나로 꼽히기도 했고요). 불쑥 한 사람을 꼽아 답해야 하는 상황에 대한 거부감, 두세 명을 놓고 나름대로 저울질하고 있는 경우에도 '지지 확률' 질문은 나름대로 대안이 될 수 있으리라 생각합니다.

한국의 차기 대선에 적용할 경우… 가령, 이런 식이 되겠죠.

"차기 대선후보로 거론되고 있는 정치인 각각에 대해 ○○님이 지지할 가능성을 확률로 답해 주십시오(모두 합쳐서 100%여야 합니다). ○○님께선 차기 대선에서 김문수 경기도지사를 지지할 가능성이 몇 %쯤 됩니까? 그럼, 박근혜 전 한나라당 대표를 지지할 가능성은요? (계속해서 차례대로 물을 것) 손학규 민주당 대표, 오세훈 서울시장, 유시민 전 보건복지부 장관, 정동영 전 통일부 장관, 정몽준 전 한나라당 대표 등을 지지할 가능성은 몇 %입니까?" 선거에 임박해 경선을 거쳐 여야 후보가 확정될 경우 투표 확률방식의 유효성이 좀 더 높아지지 않을까 생각합니다.

_ 2010. 12. 16

여론조사로 투표율 추정: Item Count Technique

여론조사를 통해 선거 투표율을 추정하는 데엔 한계가 있습니다. 일부 유권자의 거짓 응답이 포함되어 있고, 실제로 투표할 계획을 갖고 응답했지만 선거 당일 부득이하게 불참하는 경우가 발생하기 때문입니다. 18대 총선 당시 중앙일보 여론조사에서 "꼭 투표할 것"이란 응답이 60.1%였지만, 실제 투표율은 46.1%에 그쳤습니다. 17대 총선에선 '투표 확실층'이 72%였는데 60.6%, 16대엔 68.2%였지만 실제론 57.2%였습니다.

그래서 일부 전문가들은 투표 의향 강도(Intensity)에 따라 가중치를 부여해 투표율을 측정하기도 합니다. 가령, "반드시 할 것"이란 '투표 확실층' 혹은 '적극 투표층' 응답엔 80% 혹은 90%, "아마할 것"이란 '소극적 투표층'엔 30~40% 전후의 가중치를 부여해 투표율을 추정하는 거죠. 그러나 선거별로 강도에 차이가 있고 또 날씨, 후보의 지지율 격차, 소셜네트워크 활동 등의 변수 등으로 인해 투표율 추정에 늘 어려움을 겪고 있습니다.

사회적 요망 통제가 변수

앞서 말씀드렸듯이 여론조사로 투표율을 예측하는데 있어서 가장 큰 변수는 '사회적 요망(Social Desirability)' 효과입니다. 사회적으로 바람직한 응답을 해야 한다는 생각 때문에 실제로 하지 않으면서 투표할 것이라고 답하는 사람들이 있다는 얘기입니다. 이런 사람들을 줄여야 정확한 투표율 추정이 가능하겠죠.

익명으로 혹은 비밀리에 응답토록 하면 거짓으로 답할 이유가 없을 것이란… 어떻게 보면 지극히 단순한 생각이 도출됐습니다. 쉽게 말해 응답자가 전혀 의식하지 못한 채 여러 개의 질문에 솔직하게 대답하도록 유도하되 그 속에 투표 의향 질문을 포함시켜 투표율을 추정하자는 겁니다. "Unmatched Count Technique", "List Technique" 등으로 불리기도 하지만, "Item Count Technique"(번역이 어색해 원어 그대로 사용했음. 이하에선 ICT로 표기)이 보편적 용어입니다. 마약이나 범죄 등 민감한 이슈를 다룬 연구에선 ICT의 효용성이 입증된 적이 많지만, 선거 여론조사에선 활용된 적이 별로 없다는 군요.

좀 더 구체적으로 설명해 볼까요. 먼저 응답대상 절반에게 특정 기준을 알아보는데 적합한 질문에 응답토록 합니다. 가령, 세 가지 행동 항목(총기 소지, 자선단체 기부, 신문사 편집자에게 편지 쓰기)을 제시해 각각의 행동을 얼마나 자주 했는지 묻습니다. 했느냐 하지 않았느냐가 아니고요. 나머지 절반의 응답자에겐 세 가지 항목에 한 가지 행동(투표 여부)을 추가로 제시해 동일한 방식으로 응답토록 합니다. 두 번째 그룹이 응답한 행동 평균치에서 첫 번째 그룹이 응답한 행동 평균치를 빼면 추가적 행동을 했다고 응답한 사람들의 비율을 측정할 수 있답니다. 왜냐하면 응답자들은 자신들이 했다고 한 행동을 조사자들이 알지 못하므로 추가 질문에 대한 응답이 사회적 요망 효과에 의해 왜곡되지 않았을 것으로 믿는답니다.

ICT & 인터넷 조사

ICT에 대한 더 상세한 내용과 조사결과에 대해선 "Social Desirability Bias in Voter Turnout Reports"(Public Opinion Quarterly 74(1): 37~67, 2010)를 참고하시기 바랍니다. 미국에서 이루어진 이 연구에선 전국 성인 대상 전화조사와 인터넷 조사 2개, 비확률 표본을 대상으로 한 인터넷 조사 6개 등 모두 9개의 조사결과를 통해 ICT 유효성을 비교 검증하고 있습니다.

논문의 결론은 다음과 같습니다. 즉 자기응답 방식의 전화조사에선 ICT를 사용하면 투표율이 유의미하게 줄어들지만, 인터넷 조사에선 투표율 감소가 유의미하게 나타나지 않았답니다. 사회적 요망 효과로 인해 전화조사에서의 투표율은 부분적으로 왜곡되고 있지만, 인터넷 조사에선 그런 왜곡현상이 나타나지 않았다는군요. 결국 사회적 요망 효과로 인한 태도나 행동을 측정하는데 있어서 ICT의 적합성이 입증됐고, 또 보다 정확한 투표율 추정에 있어서 인터넷 조사가 유효한 것으로 나타났답니다.

여론조사를 통한 투표율 추정의 또 다른 방식인 'Randomized Response Technique'에 대해선 "Measuring Voter Turnout by Using the Randomized Response Technique: Evidence Calling into Question the Method's Validity"(Public Opinion Quarterly 74(2): 328~343, 2010)를 참고하십시오.

_ 2010. 11. 10

▌▌▌▌▌

전화조사 대안으로서의 인터넷 조사

휴대폰과 함께 인터넷으로 기존 전화조사를 대체 혹은 보완해야
한다는 얘기를 자주 듣습니다. 전적으로 동감입니다. (유선전화로
대표되는) 전통적 조사방법의 문제점은 일정 부분 보완될 수 있지
만, 근본적인 해결책 마련이 용이하지 않다는 것이 대체적인 견해
이기 때문이죠.

그러나 다른 여러 방법과 마찬가지로 인터넷 조사 역시 장단점
이 있습니다. 인터넷을 대안으로 제시하는 분들은 단점보다 장점
을 강조하고 있기 때문에 문제점이 제대로 부각되지 않은 측면이
있습니다. 또 다른 문제로 정치여론조사 쪽에선 인터넷 조사에
대한 경험과 연구가 부족하다는 점도 고려해야 합니다.

양적으로나 질적으로 미국은 인터넷 조사에 대한 경험과 연구
축적이 상당한 것 같더군요. 우리가 쉽게 접할 수 있는 저널
'*Public Opinion Quarterly*'에서도 관련 논문이 적지 않습니다.

인터넷 조사가 상대적으로 전화조사에 비해 우수함을 입증하고 있는 논문 중 최근엔 'National Surveys Via RDD Telephone Interviewing Versus the Internet: Comparing Sample Representativeness and Response Quality'(2009)가 눈에 띄더군요. 시간이 되면 한 번 읽어보시기 바랍니다. 이 논문의 저자 중 한 사람인 LinChiat Chang의 박사학위 논문 'A Comparison of Samples and Response Quality Obtained from RDD Telephone Survey Methodology and Internet Survey Methodology' (2001) 역시 인터넷 조사의 가치를 입증하고 있습니다.

우리나라에서도 인터넷 조사의 장점을 활용하기 위한 노력들이 나타나고 있습니다. 한국조사연구학회가 발간하고 있는 〈조사연구〉에 게재된 논문만 하더라도 아래와 같이 몇 편이 소개되고 있습니다.

- 인터넷을 활용한 표본조사 방법에 관한 사례연구 (3권 1호, 2002년)
- 인터넷 여론조사의 정확도 관련요인 (6권 2호, 2005년)
- 온라인 조사의 응답오차에 대한 연구: 응답 시간과 성실성의 관계 (9권 2호, 2008년)
- 인터넷 선거조사에서 성향가중모형 적용사례 (10권 3호, 2009년)
- 자원자 패널에 의한 인터넷 조사의 성향조정 가중화 (11권 2호, 2010년)

성향조정 가중화… 전화조사 뛰어넘어야

가장 최근에 발표된 허명회·조성겸(2010)의 '자원자 패널에 의한 인터넷 조사의 성향조정 가중화'를 읽어봤으면 합니다. 인터넷을 통한 여론조사의 가능성과 함께 성향조정 가중법의 유용성을 검토하고 있습니다. 2009년 통계청의 면대면 사회조사를 준거조사(Reference Survey)로 활용하고 있는 것도 장점입니다. 인터넷 조사 표본의 편향을 제거하는 것이 당장의 과제이지만, 궁극적으로는 모집단 추정치로서 (전화조사보다 높은) 정확성을 담보해야 하기 때문입니다.

인터넷 조사에 대한 경험과 연구가 아직 부족한 까닭이기도 하지만… 기존 연구의 경우 전화조사와 비슷한 결과를 얻는데, 즉 인터넷 조사를 전화조사 수준으로 끌어올리는데 그치고 있습니다. 전화조사 결과에 대한 신뢰가 바닥을 벗어나지 못하고 있기 때문에 전화조사 추정치에 근접하는 것만으로 곤란합니다. 현재의 전화조사 정확성 수준을 어느 정도 높여야만 새로운 방법으로서의 가치를 인정받을 수 있다는 얘기입니다. 인터넷을 포함해 어떤 조사방식이든 말입니다.

_ 2010. 11. 8

242

오피니언마이닝 혹은 Sentiment Analysis

　　미국에서도 집전화(landline) 조사의 한계를 절감하고 있습니다 (이와 관련해선 제 블로그 2010년 10월 27일자 '유선전화와 휴대폰 정치성향은 다른가'를 참고하십시오). 그래서 휴대폰 인터넷 등 새로운 대안을 적극 모색하고 있더군요. 그 중 하나가 'Sentiment Analysis'입니다. 우리말로 '정서(情緖)분석'인데… 그 내용을 전달하기에 적합성이 좀 떨어집니다. 위키피디아 백과사전을 찾아보니 "a broad area of natural language processing, computational linguistics and text mining"이라고 설명돼 있고, '오피니언마이닝(Opinion Mining)'이란 단어가 소개돼 있더군요.

　　이 용어를 '데이터마이닝'이란 단어처럼 사용하면 어떨까 생각합니다. '정서분석'에 비해 훨씬 쉽게 그 의미가 다가오지 않습니까. 설명이 늦었네요. 오피니언마이닝이란 "선거 캠페인과 관련해 사회네트워크 혹은 커뮤니티, 블로그, 트위터, 기타 온라인 사이트 등에 올라오는 대화 언어를 분석하는 소프트웨어"를 말합니다. 우리나라에선 '버즈분석(Buzz Analysis)'이란 이름으로 마케팅에서 주로 활용돼 왔고(업체로는 엠브레인, 매트릭스, 다음소프트 등이 있습니다), 정치 여론조사에서도 활용 가능성을 타진하고 있는 중입니다.

미국에선 멕시코만 기름 유출 사태 때 그리고 이번 중간선거에서 제법 활용됐다고 합니다. 미주리주 상원의원 선거에선 이 방법을 통해 라스무센(Rasmussen)이 실시한 여론조사와 비슷한 결과를 얻었다고 합니다. 다른 선진국에서도 효용성이 입증된 바 있는데… 'Linguamatics'란 영국 회사는 올 봄에 있었던 총선에서 130,000개 트윗 계정을 통한 조사로 전통적인 여론조사와 유사한 결과를 얻어냈다고 합니다.

'질문해서 받아내는 것'보다 '그냥 말하는 것'이 더 중요

오피니언마이닝의 가장 큰 장점은 여론과 관련된 데이터를 실시간으로 제공할 수 있다는 점입니다. 물론 표본의 대표성, 응답자의 충성도 차이와 응답의 성실성 여부 등 과학적 측면에서 논란의 여지가 있습니다. 그러나 과학적 엄밀성이 부족하다고 해서 이 기법이 유용하지 않는 거로 치부해선 곤란합니다. 나름의 기여와 역할이 분명히 있기 때문이죠. 그런 점 때문에 CNN에서도 이 기법을 활용해 별도의 리포트를 할 예정이라고 하더군요.

CNN 워싱턴 지국장의 경우… 오피니언마이닝 기법의 가장 큰 매력이 "질문을 해서 응답을 받아내는 것보다 독립적으로, 즉 그냥 자신이 하고 싶은 얘기를 모니터할 수 있다"는 점이라고 했습니다. 그의 표현을 원어 그대로 전달하면 다음과 같습니다. "We're waiting to see what they're going to say."

기존 여론조사의 신뢰성 부족 혹은 한계 그리고 새로운 의사소통 환경에서 파생된 아이디어라고 생각합니다. 그렇다고 해서 표본추출, 질문지, 면접원을 통한 실사(Fieldwork) 등 여론조사의 과학적 엄밀성을 높이기 위한 노력들이 평가 절하되거나 줄어드는 일이 없었으면 좋겠습니다(뉴욕타임스 2010년 10월 31일자 'Nation's Political Pulse, Taken Using Net Chatter'를 토대로 쓴 것입니다).

_ 2010. 11. 4

6 · 4 지방선거 여론조사 이대로 좋은가

일시 : 2014년 2월 12일(수) 오후 2시~3시 30분

장소 : 한국프레스센터 무궁화실

사회 : 김균미(서울신문 부국장)

토론 : 신창운(중앙일보 여론조사 전문기자)

　　　홍영림(조선일보 여론조사팀장)

　　　한귀영(한겨레사회정책연구소 연구위원)

김균미(서울신문 부국장, 사회) : 연초부터 '6 · 4지방선거'가 핫이슈입니다. 박근혜 정부에 대한 중간평가 성격도 있고, 안철수 신당발 정치권의 지각 변동도 심상치 않습니다. 그래서 관훈저널 2014년 봄호에서는 '지방선거의 바람직한 보도 방향'을 특집으로 다루기로 결정했습니다. 그중에서 지방선거 여론조사의 문제점과 개선방안 등을 따로 짚어보는 것이 좋겠다는 의견이 많았습니다. 여론조사 전문가에게 글을 부탁할 수도 있었지만 그보다는 신문사의 여론조사 전문가들을 모시고 방담 형식으로 풀어나가는 것이 좋겠다는 생각에서 이번 자리를 마련하게 됐습니다. 오늘 방담에는 신창운 중앙일보 여론조사 전문기자와 홍영림 조선일보 여론

조사팀장, 한귀영 한겨레 사회정책연구소 연구위원 등 세 분이 참석하셨습니다.

세 분 모두 여론조사를 많이 해봤고, 그 과정에서 문제점에도 적지 않게 맞닥뜨렸을 것으로 보입니다. 나름 고민들도 많았을 것 같고요. 오늘 방담에서는 현재의 상황을 짚어보고, '여론조사 대참사'로 불리는 2010년 지방 선거에서 드러난 문제점을 보완하기 위해 어떤 변화들이 있었고, 현재는 문제가 없는지, 이번 6·4지방선거에서 여론조사의 정확도를 높이고 유권자들에게 제대로 된 가이드라인을 제공하기 위해 개선해야 할 점 등의 순서로 논의를 진행하려고 합니다.

먼저 한 분씩 현재 상황에 대해 짚어주시는 걸로 방담을 시작하겠습니다. 신문과 방송 대부분이 연초나 설 전후로 6·4지방선거 후보군에 대한 여론조사를 실시해 결과를 발표했습니다. 지역 신문·방송들도 앞다퉈 해당지역 예상 후보군을 대상으로 여론조사를 실시해 보도하고 있고요. 일부 지역에서는 벌써부터 여론조사 결과나 방법을 놓고 잡음이 있는 것 같습니다. 그렇다고 여론조사를 하지 않을 수도 없고. 어떻게 하면 지방선거 여론조사의 신뢰도를 높일 수 있을지가 최대 관건입니다.

신창운(중앙일보 여론조사 전문기자) : 중앙일보에서는 신년특집으로 세종시를 뺀 광역단체 16개 지역에 대한 여론조사 결과를 실었습니다. 샘플도 7,000명 가깝게 규모가 상당히 컸습니다. 그렇다 보니 비용이 만만치 않아 자주 할 수가 없습니다. D-7일 정도에 한 번 실시하는 것을 포함해 선거 전까지 한두 번 정도 더 실시할 계획입니다. 기초단체장도 뽑지만 중앙 언론에선 광역단체장 이외 다른 지역까지 커버하기가 힘든 상황입니다.

나중에 이야기가 되겠지만 지방선거 여론조사에 있어 제일 큰 문제는 휴대전화 조사를 동시에 해야 한다는 겁니다. 2010년의 경우 집전화만을 대상으로 여론조사를 실시했습니다. 그런데 휴대전화 조사를 병행하려면 특정지역 한 곳만 떼어내 여론조사를 한다는 것이 현실적으로 어려움이 있습니다. 휴대전화의 경우 지역 식별번호가 없기 때문입니다. 그래서 전국을 대상으로 하면 서울에서도 전화를 받고, 호남에서도 받고, 부산에서도 받는 상황이 벌어집니다. 결국 유권자를 무작위로 뽑기 위해선 전 지역, 즉 17개 광역단체 전체를 다 해야 제대로 된 집전화+휴대전화 조사를 할 수 있다는 얘기입니다. 최근 부산시장 후보들에 대한 여론조사가 세 군데에서 실시됐고, 집전화와 휴대전화를 병행 조사했다고 하는데, 과연 (조사 주체들이) 휴대전화 조사를 제대로 했는지 궁금합니다. 개인적인 견해로는 아직까지 지역에서 이루어진 지방선거 관련된 여론조사가 별로 정리되지 않은 방법으로 진행되고 있지 않나 싶습니다.

지방선거 예년보다 조금 빨리 가열

홍영림(조선일보 여론조사팀장) : 현시점에서 지방선거가 예전에 비해 조금 빨리 과열되지 않았나 싶습니다. 지방언론들의 경우, 특히 호남이나 충청 지역에서는 시·군까지 조사하는 데도 있는 것 같던데, 예전보다 빨라졌다는 느낌을 받습니다. 이유는 여럿 있겠지만 일단 안철수 신당에 대한 정치적 관심, 일반국민들의 관심이 작년 말부터 계속 높아지면서 언론도 선거에 일찌감치 관심을 쏟기 시작한 점을 들 수 있습니다. 두 번째는 대진표가 짜여 있지 않은 상황에서 언론이 너무 빨리 관심을 갖고 있는 것이 이유가 아닌가 생각됩니다. 유권자들도 솔직히 누가 나올지 모르고, 나오는 사람들에 대한 인지도도 굉장히 낮은 상태에서 조사하고 있기 때문에 조사마다 들쭉날쭉할 수밖에 없습니다. 어느 정도 정리된 상황에서 조사가 이루어지면 훨씬 안정적으로 나올 겁니다. 하지만 지금은 선호도 차원이 아닌 인지도 차원의 조사가 각 지역에서 실시되고 있다 보니 편차가 심한 감이 있습니다.

그래서 개인적으로는, 결론에 해당하는 말이지만, 여론조사를 안 하는 것도 방법이라고 생각합니다. 여론조사가 너무 들쭉날쭉하면 오히려 유권자들한테 혼란스러운 정보만 줄 가능성이 있습니다. 이 대목은 나중에 더 자세하게 말할 기회가 있겠지만 신 위원 말대로 조사방식의 엄밀성은 결국 비용과 직결되는 문제입니다. 비용이 충분하지 않은 상황에서 싼값에 여론조사를 자꾸 하려다 보니까 오류가 나타날 수밖에 없는 상황이죠. 조사 횟수와 결과에 과도하게 집중하다 보면 오히려 독자나 시청자들한테 혼란스러운 정보를 줄 가능성이 높다고 봅니다.

여론조사 2010년과 달라질 것

한귀영(한겨레사회정책연구소 연구위원) : 신 위원께서는 여론조사, 특히 지방선거와 관련된 문제점, 애로점에 대해 말씀해 주셨고 홍영림 팀장은 조기 과열조짐을 보이고 있는 이번 지방선거와 여론조사의 구조적 문제점 등에 대해 말씀을 주셨습니다. 저는 조금 관점을 달리해 볼까 합니다.

2010년 지방선거와 이번 지방선거는 다를 것 같습니다. 2010년 지방선거는 여론조사의 '결절점' 같았다고 볼 수 있습니다. 2010년 지방선거 당시 선거인 명부 조사를 여기저기서 했는데 선거 일주일 전까지만 해도 서울시장의 경우 오세훈 후보가 적게는 15%포인트, 많게는 25%포인트 이긴다고 나왔는데 막상 출구조사를 해보니까 거의 0.6%포인트밖에 차이가 안 났고, 실제 결과도 0.6%포인트 차로 오세훈 후보가 어렵게 이겼습니다. 여론조사 결과와 정반대의 경우도 많았습니다. 그 결과 2010년 이후 많은 변화들이 있었습니다.

대표적인 것이 신 위원이 지적한 조사방식의 변화입니다. 조사방식에 있어 2010년과 2014년의 가장 큰 차이는 RDD(Random Digit Dialing: 국번만 주입하고 나머지 번호를 컴퓨터가 자동으로 생성해 무작위로 전화를 거는 방식)라는 방식의 도입입니다. RDD 도입 이전인 2010년까지는 거의 KT 전화번호부를 갖고 하는 방식이었습니다. KT 전화번호부는 집전화만 해당되고 전체 집전화 중에서도 43%밖에 커버하지 못합니다. 그러니까 모집단 자체를 절반도 반영하지 못합니다. 두 번째는 집에서 전화를 받을 수 있는 사람이 얼마 없다 보니 조사에서 체계적으로 배제되는 계층이 발생합니다. 그래서 도입된 게 KT 전화번호부뿐만 아니라 전화번호부를 생성하는 '랜덤 디짓 다이얼링'이라는 RDD 방식입니다. KT가 아니라 어떤 전화를 쓰더라도 동일한 확률로 표집될 수 있도록 했습니다. 두 번째는 (집전화로 조사할 때 빠지기 쉬운) 20, 30대, 활동성이 강한 화이트칼라들을 어떻게 표집할 것이냐는 문제를 보완하기 위해 휴대전화를 도입한 겁니다. 그래서 이제 휴대전화와 일반전화를 절반씩 병행해서 실시하는데 지난 대선 같은 경우 크게 틀리지 않았습니다.

그런데 휴대전화+일반전화 병행방식도 지방선거로 단위가 좁아지면 흔들리는 경향이 있습니다. 그건 집전화와 달리 휴대전화는 지역식별에 한계가 있기 때문입니다. 그러니까 서울 같으면 02로 시작되는 식별자를 줄 수 있지만 휴대전화는 식별자를 줄 수가 없어요. 서울시장선거를 하는데 서울시민을 따로 뽑아낼 수 없어 조사 자체가 훨씬 더 어려워지고 비용도 비싸졌습니다. 그래서 현실적인 대안은 휴대전화 표본을 추출하기 위해 데이터베이스(DB) 방식을 씁니다. DB 방식이라고 하면 무작위로 다이얼을 돌려서 하는 게 아니라 기존에 구축된 데이터베이스를 구하는 거죠. 데이터베이스가 어떻게 형성되느냐에 따라 표집률이 달라집니다. 거기에 조사의 어려움이 도사리고 있습니다.

신창운 : 신년특집과 설 전후에 보도된 여론조사들은 크게 세 가지 정도로 구분할 수 있을 것 같습니다. 중앙일보가 했던 16개 혹은 세종시를 포함해 17개 전역을 대상으로 모두 하는 방식이 하나 있습니다. 이상적인

방식일 수 있고요. 이 경우 샘플이 많아야 하고 상당한 비용이 수반됩니다. 둘째는 호남을 대상으로 광주시장, 전남지사, 전북지사만 하고 싶다거나 부산시장만 한다고 할 경우인데, 집전화는 누구나 할 수 있죠. 휴대전화를 50% 사용했다고 했는데 그 지역에서 100% 무작위로 할 수 있었을까요? 부산시민들의 휴대전화번호 명단이 없기 때문에 왕년의 조사에서 부산에서 휴대전화를 받은 사람들 리스트를 확보해 조사하는 형식을 취하고 있습니다. 한국갤럽 등 대부분의 메이저사들은 자신들이 기왕에 전국 규모의 조사를 할 때 확보한 휴대전화 명단을 갖고 있죠. 그 리스트를 확보하고 있다가 부산시장 조사를 할 때 거기서 50%를 쓰는 거죠. 그러니까 그건 완벽한 RDD 무작위하고는 조금 다릅니다.

또 하나의 방식이 ARS입니다. ARS는 자기들이 RDD라고 주장하는데 저는 개인적으로 ARS는 RDD가 아니라고 생각합니다. 하여튼 정치권이나 지역언론들이 ARS 방식을 선호합니다. 그런데 ARS 방식은 휴대전화와 집전화를 섞었다고 하지만 제 생각에는 정확한 RDD 무작위 방식이 아니라 전화가 걸리는 대로, 응답해 주는 대로 한 조사일 겁니다. 이렇게 세 종류의 조사가 선거 때까지 계속 실시될 것으로 봅니다.

한귀영 : 설 때 조사들이 나왔는데 결과는 많이 달랐잖아요.

신창운 : 예, 달랐죠.

한귀영 : 당장 이번 부산시장이 많이 다르더라고요. 설 이후 지금까지 나온 조사의 절반 정도는 오거돈 후보가 이긴 걸로 나오고, 어떤 조사는 새누리당 후보가 이긴 걸로 나왔습니다. 조사기관마다 결과가 다르게 나온 가장 큰 이유는 ARS와 전화조사, ARS와 면접조사와의 차이에 있는 것 같아요. 설 때 실시한 한겨레 조사와 시사인 조사를 예로 들어보

겠습니다. 시사인은 주요 지역에 대해 ARS 방식을 씁니다. 그러니까 자동으로 전화를 걸어서 응답하게 하는 거죠. 한겨레의 경우는 리서치플러스랑 전화면접조사를 했습니다. 면접원이 직접 전화를 걸어서 응답하게 하는 방식이죠. 한겨레 같은 전화면접조사에서는 오거돈 후보가 우세한 걸로 나타났고, 시사인 조사는 새누리당 후보들이 더 높게 나타났습니다.

홍영림 : 시사인은 어디서 했죠?

한귀영 : 한국사회여론연구소에서 했습니다.

홍영림 : 한사연이 ARS로 했어요?

ARS와 전화면접 조사 결과 큰 차이

한귀영 : 예, ARS로 했어요. ARS냐, 전화면접 조사냐에 따라 결과가 많이 다르죠. ARS가 들어오면서 혼란스러운 게 있어요. 결론적으로 ARS는 보도하는 데 굉장히 신중을 기해야 된다고 생각합니다. 그런데 ARS가 특히 지방선거에서 많이 활용됩니다. ARS 조사결과가 보도된 것은 2006년부터입니다. 지방선거에 ARS가 많이 이용되는 가장 큰 이유는 역시 비용입니다. 비용이 저렴하기 때문에 쉽게 조사해서 보도할 수 있는 거죠.

홍영림 : 지금은 조사방식에 ARS라고 안 적어도 선거법(제108조)에 상관 없죠?

신창운 : 그렇죠. 전화로 한 거니까.

한귀영 : 매주인가요, 격주인가요? 갤럽과 리얼미터는 정기적으로 조사합니다. 갤럽은 휴대전화도 80% 이상 하니까 자체적으로 계속해서 휴대전화 DB를 구축하게 되죠. 리얼미터같은 경우는 ARS를 합니다. 그런데 ARS라고 표기를 안 하죠. 독자들은 이게 면접을 했다는 건지, 기계가 했다는 건지 잘 모릅니다. ARS냐, 일반전화냐, 직접면접 조사냐에 따라 결과들이 많이 차이가 납니다.

김균미 : 세 분이 모두 ARS 조사의 문제점이 적지 않다고 지적했는데, 그런데 왜 계속해서 이 방식을 이용한 여론조사가 실시되고 있는 겁니까?

ARS, 비용 적게 들지만 신뢰성 낮아

홍영림 : ARS에 대해서는 작년 4월인가부터 안철수 의원이 노원병에 출마했을 때 허준영 후보하고 나왔는데 사전에 13회의 조사가 있었어요. 13회 중 7회는 기존의 전화면접원이 하는 방식이고, 6회는 ARS가 조사하는 방식인데 약간 우연이라는 느낌도 들지만 ARS 조사에서는 허준영이 이길 때도 있었고 거의 1~2%포인트, 5~6%포인트 접전으로 많이 나왔어요. 그런데 전화면접원이 한 전통적인 방식에서는 거의 20%포인트 안팎의 차이가 계속 났어요. 결국 안철수 의원이 27.7%포인트 차이로 이겼습니다. 선거 후 ARS 결과를 보도했던 일부 인터넷 언론이나 조사기관이 이에 대해 해명하거나 사후조치를 취한 건 전무했습니다. 지금도 그 조사 회사들이 지방선거에서 지역 언론이나 인터넷 언론하고 조사를 많이 하고 있어요.

　한귀영 씨가 얘기했지만 2010년 지방선거는 우리나라 여론조사에 있어 획기적인 선거였어요. 대참사의 후폭풍으로 RDD와 휴대전화 병행조사가 시작됐어요. 2010년 지방선거 때 조사 회사들하고 언론사들이 하도

데어서. 그때 오세훈 뿐만 아니라 김문수도 그랬고, 강원도도 그랬고, 인천도 그랬고, 어쨌든 방송 3사부터 시작해 완전히 다 '멘붕' 상태에 빠질 정도로 일주일 전 조사가 엉터리였다는 것이 드러났죠. 집전화만 갖고 하는 조사가 굉장히 위험하다는 것이 입증됐죠. 그러면서 조사방식이 한 단계씩 더 엄밀해지기 위한 노력을 시작한 겁니다. 그런데 ARS 쪽에서는 아무 조치도 없습니다. 그러고서 이제 휴대전화 병행했다, RDD 했다고 하는데 그걸 민간이나 정부 차원에서 제도적으로 검증할 수 있는 방법이 없습니다. 그래서 제가 처음에 조사 안 하는 것도 방법이라고 말한 것은, 기자 입장에서 이해는 가지만 너무 싸게 ARS 조사를 하려다 보면(무리한 결과가 나올 수 있습니다).

김균미 : 여론조사 한 번 실시하려면 비용이 어느 정도 드나요? 편차는 있겠지만.

신창운 : 집전화+휴대전화 형식을 취할 경우 샘플 당 1만 원 정도는 줘야 합니다. 결국 1,000명을 조사하려면 1,000만 원이 드는 거죠. 아마 언론사에서는 1,000만 원을 써가며 조사하는 것에 대해 기겁할 텐데…. 그런데 ARS는 아마 (샘플 당) 2,000~3,000원 정도.

홍영림 : 10분의 1 수준이라는 소리도 있습니다.

한귀영 : ARS와 전화조사가 전화 거는 방식이 다르기 때문에 오차범위도 당연히 차이가 있습니다. 그런데도 홍영림 팀장이 계속 문제로 지적한 ARS 조사가 왜 이렇게 난무하는 걸까요? 수요가 있기 때문이죠. 일반 전화조사기관은 만들기가 어렵습니다. 여러 조사기관에서 조사업무를 짧게는 5년, 보통 10년, 15년 정도 한 사람들이 조사기관을 설립합니다.

노하우와 경험을 가진 숙련된 사람이 대부분 설립하는데 ARS 조사기관은 그렇지 않습니다. ARS 조사기관은 아주 쉽게, 거칠게 얘기하면 몇 천만 원 들여 ARS 기계를 30대 혹은 50대 갖다 놓고 매뉴얼만 있으면 충분히 돌릴 수 있는 거죠. 요즘은 ARS 조사도 기본적으로 설문만 넣어주면 ARS 기계가 분석도 다 해주거든요. 그러니까 ARS는 엄밀히 얘기하면 조사에 적합한 기획과 분석, 감독 등이 필요 없는 것이죠.

그렇다 보니 정치권에서, 여의도에서 보좌관을 하거나 선거캠프에서 오랫동안 경험이 있거나, 조직 활동을 하던 사람들이 ARS 회사를 설립하는 경우가 제법 있습니다. ARS 회사를 세워서 지방선거라든지 총선 때 자기 인맥들, 네트워크를 이용해 영업을 하는 거죠. 영업을 하려면 인지도가 있어야 되기 때문에 지방언론사나 작은 언론사에 거의 무상으로 해줄 테니 보도해 달라고 요청하는 경우가 많습니다. 언론사들은 거의 자기비용 없이 데이터를 얻기 때문에 응하게 되고, 서로 공생관계에 있는 겁니다.

김균미 : 국내에 여론조사회사가 몇 곳이나 되나요?

홍영림 : 조사협회에 등록된 건 40개 정도입니다. 협회에 등록되지 않은 숫자가 더 많아요.

신창운 : 모두 합쳐 150~200개 정도 되는 것으로 추정하고 있습니다. 지금 지방에서 후보관련 여론조사를 했다는 회사는 대부분 이름을 처음 들어본 곳이 많습니다. 그러니까 한 2~3개월, 3~4개월 하고 문을 닫는 거죠.

홍영림 : 협회에 등록된 40개가 그래도 믿을 만하고, 등록되지 않은 100여 곳은 ARS 중심으로 돌아가고 있기 때문에 주의해서 봐야 합니다.

김균미 : 국내 정치권의 경우 후보공천 때 여론조사 결과를 반영하는데 ARS 조사의 신뢰성이 이처럼 떨어진다면 문제가 있는 것 아닌가요?

여론조사 결과 맹신 금물… 거품 빼야

신창운 : 저는 이런 생각을 합니다. ARS도 그렇지만, 지방선거까지 4개월 정도 남았습니다. 신년특집을 할 시점엔 5개월이 남았었죠. 4~5개월 전 여론조사를 ARS로 했든, 제대로 된 방식으로 했든, 그 결과를 놓고 들쭉날쭉하다거나 엎치락뒤치락한다고 표현하는 것이 적확하다곤 생각하지 않습니다. 저희도 포함되겠지만. 그건 일반국민들의 관심사가 전혀 아니거든요. 홍 팀장이 조사 안 하는 것도 방법이라고 했지만 안 할 수는 없을 겁니다. 당장 공천할 때 분석결과를 갖고 한다니까요. 조사는 계속 할 겁니다. 조사 시점에 따른 추이를 보고 유권자들에게 정보를 제공하기 위해서입니다. 예를 들어 중앙일보를 비롯해 여러 신문들이 신년특집으로 실은 광역단체장 예비후보군 여론조사는 5개월 전 추이만 알아보는 겁니다. 대략 누가 앞섰는지. 선거 당일 출구조사가 있고, D-7일까지 보도할 수 있는 선거에 임박한 조사가 있고, 5개월 전 혹은 3~4개월 전에 실시하는 조사로 구분할 수 있습니다. 한마디로 맹신은 금물이라는 것이죠. 예를 들어 어떤 서울시장 후보가 지금 40% 나온다고 해서 그대로 당선되는 건가요. 당선되면 오히려 그게 이상한 거죠. 여론이라는 흐름은 변하기 때문에 조사를 하고 선거운동을 하는 겁니다. 여론조사에 대한 거품을 대거 빼야 된다고 생각합니다.

또 서로 다른 조사기관이 다른 포맷으로 여론조사를 했다면 결과가 다르게 나오는 것이 오히려 당연하다는 인식이 필요합니다. 동일한 시기에 동일한 조사를 했다고 해서 3군데 혹은 4군데 결과가 모두 같아야 된다면 극단적으로 공동조사를 하면 되지 않겠습니까. 오늘 방담에 참석한 3개사가 같이 실시하면 비용도 3분의 1만 내면 되고요. 하지만 각각 조사하는 데는 이유가 있지 않겠습니까. 언론도 인식의 전환이 필요하다고 봅니다.

김균미 : 말씀하셨지만 방송의 경우 대선 출구조사는 공동으로 실시해 오고 있지 않습니까. 신문의 공동조사가 어렵나요?

홍영림 : 조선, 중앙, 동아가 10년 전 공동으로 여론조사를 실시한 적이 있습니다.

김균미 : 그래요? 그때는 어떤 계기에서 공동조사를 실시했고, 왜 지속되지 않았나요?

신창운 : 지금은 여론조사 공표 금지시한이 D-7일이잖습니까. 그때만 해도 아마 D-20일인가, 21일인가 그랬을 겁니다. 20여 일 동안 여론조사 보도를 못 하는 거죠. 그런데 기사는 써야 하고…. 분위기를 파악하기 위해 공동조사를 했던 것 같습니다.

홍영림 : 맞아요. 기억납니다. 분위기 파악이 주목적이었어요.

신창운 : 총선이었는데 저와 조선일보 홍 팀장, 당시 동아일보에 재직했던 나선미 전문위원 등 셋이서 수도권의 박빙지역 20개씩 모두 60곳을 조사 했습니다. 그때 한 번 시도로 그쳤어요. 방송사들도 올림픽이나 스포츠 중계를 놓고 티격태격 많이 하잖아요. 신문사 간에 워낙 경쟁이 치열해 같이 일한다는 게 쉽지 않더라고요.

한귀영 : 방송사의 경우 출구조사하는 데 어마어마한 비용이 들어가고, 출구조사의 흐름을 정확히 보기 위해서는 그날 단면만 갖고는 어렵기 때문에 공동조사가 이어지고 있지 않나 싶어요.

홍영림 : 방송들은 출구조사에 사활이 걸려 있습니다. 돈이 워낙 많이 들고 공생하기 위해서 함께 하는 것이지만 신문은 상황이 다른 것 같습니다. 같이 취재하러 가서도 기사는 다르게 쓰는 판인데….

한귀영 : 아까 신 위원께서 비슷한 시기에 서로 다른 조사기관이 다른 질문을 갖고 조사한다면 결과는 당연히 다를 수밖에 없다고 하셨는데 전 생각이 조금 다릅니다. 물론 결과가 다를 수 있겠지요. 그럼에도 불구하고 일반독자 입장에서는 질문은 비슷비슷한데 결과가 10%포인트 이상 등 오차범위를 넘어가면 고개를 갸우뚱하게 됩니다. 이렇게 격차가 나는 것은 조사의 원래 특성이니까 받아들이라고 얘기하면 독자들로선 납득이 안 갈 것 같아요. 그래서 저는 오히려 그런 부분에 대해 신문사들이, 언론사들이 충분한 해석과 설명을 해줄 필요가 있다고 봅니다. 4개월 전의 조사가 어떤 결과를 미리 예측하기 위한 조사가 아니라 분위기 파악을 위한 조사라면 다른 방식으로 조사할 필요가 있다고 봅니다. A와 B가 나온다면 누구를 지지하겠느냐는 틀에 박힌 조사 말고, 그 지역의 이슈 등에 대해 다양한 방식으로 조사한다면 독자 입장에서는 훨씬 더 풍부한 정보를 얻고, 언론사 입장에서는 다양하고 질 높은 기사를 쓰고 여론조사 보도도 다양해질 수 있지 않을까 싶습니다.

김균미 : 여론조사 방법론과 관련해 몇 가지 질문하겠습니다. 먼저 응답률입니다. 자료를 찾아보니까 여론조사 무응답률이 상당히 높던데 여론조사의 신뢰도와 관련 없는지 궁금합니다. 이와 연관해 전화여론조사에

참여하는, 다시 말해 전화조사에 응하는 사람들이 정해져 있어 대표성에 문제를 제기할 수 있는 것 아닌지….

응답률 높이기 위한 노력 병행해야

홍영림: 응답률 문제는 우리나라뿐 아니라 전 세계 어느 나라건 다 고민하는 부분입니다. 외국의 경우 집전화 없이 사는 사람도 있고, 스팸전화는 아예 안 받는 데도 많다더라고요. 그렇다 보니까 외국 조사기관들은 우리와 비교해 패널풀이 엄청납니다. 그러려면 상당한 비용이 드는데 모두 응답률을 높이기 위한 조치입니다. 응답률 10%, 15% 수치를 놓고 조사결과의 대표성이나 신뢰성에 문제가 있는 것 아니냐는 얘기들이 여러 곳에서 나왔고, 지난 대선 때도 마찬가지였어요. 그런데 지난 대선 때 우리나라 여론조사는 비교적 잘 맞았던 조사인데 그게 다 RDD나 휴대전화 병행으로 시스템이 개선되면서 거둔 결과지만 그때도 응답률은 10%, 15%, 20%를 넘기는 어려웠습니다. 그래도 개인적으로는 그 정도만 돼도 큰 문제는 없다고 봅니다.

제가 자꾸 ARS 얘기를 하는데 ARS 응답률은 거의 1~2%밖에 안 나오는 경우가 많고, 그 정도 되면 문제가 되죠. 하지만 전화면접은 숙련된 전화면접요원이 제대로 된 전화조사를 하면서 15% 안팎, 20% 가까이 응답률을 가져가면 큰 문제는 없다고 생각합니다. 그럼에도 불구하고 응답률을 더 높이기 위한 노력을 언론사나 조사 회사들이 해야죠. 대표적인 방안이 오밤중에 초치기로 하지 말고 주말을 끼워서 여유롭게 하면 응답률이 상당히 올라갑니다. 응답률은 영원한 숙제 중 하나입니다. 또 아까 조사에 참여하는 사람만 계속하는 거 아니냐는 지적을 하셨는데, 그러면 참여해 주는 사람의 성향이 좌파인지 우파인지 진보인지 보수인지, 솔직히 그것은 검증하기 어려운 측면이 있어요. 지금보다 더 떨어지지 않도록 노력하는 것이 중요합니다.

한귀영 : 응답률은 사실 천차만별이죠. 낮아서 문제라고 많이들 얘기합니다. 응답률에서 분자, 분모가 있는데 분자는 최종적으로 응답한 사람이니까 분명합니다. 그런데 분모에 대해서는 합의된 기준이 없습니다. 분모를 일단 RDD에 의해서 전화를 건, 모든 전화, 그걸 콜 수라고 하는데 콜로 할 것인지, 아니면 신호가 갔을 때 받은 사람으로 할 것인지에 따라 천차만별이 됩니다. 그런데 여기에 대해서 합의된 기준이 없습니다. 응답률이 문제되는 건 아까도 얼핏 말했지만 낮은 것 자체가 문제가 아니라 거기에서 누가 체계적으로 배제되는지가 문제입니다. 그리고 특정 계층이나 연령대가 배제될 가능성을 줄이려는 노력을 2010년 지방선거 이후 계속해 왔다고 봅니다.

김균미 : 다음은 여론조사를 의뢰한 언론사나 주체가 누구냐에 따라 질문 내용, 기법이 달라 결과에 영향을 줄 수 있지 않으냐는 의문을 제기하는 사람들이 있습니다. 그렇다 보니 여론조사에 대한 불신도 커지는 경향이 있는데, 어떻게 생각하십니까. 여론조사의 객관성과 신뢰도를 높이기 위해 발주자 입장에서 어떤 노력들을 하고 있는지 궁금합니다.

홍영림 : 질문방식과 관련해서는 나중에 개선방안에서 얘기가 나오겠지만 지금 D-6일부터 여론조사 공표 금지기간입니다. 방송사들이 출구조사에 목숨을 거는 가장 큰 이유는 저녁 9시, 10시만 되면 출구조사가 맞았는지 틀렸는지 결과가 나오기 때문입니다. 신문사들도 2002년 대선 때처럼 D-21일까지만 조사결과를 보도할 수 있다면 결과에 크게 신경 쓰지 않을 겁니다. 3주일 사이에 유권자들 표심이 변했다고 하면 그만인데 D-6일로 바뀌니까 그런 변명이 안 통하는 거죠. 그런데 질문지를

갖고 장난을 친다? 1주일 뒤면 판가름 나는데 장난칠 이유는 전혀 없죠, 특히 조사회사 입장에서는. 언론사도 마찬가지고요. 이건 신문사의 성향과는 상관없습니다.

예를 들어 보겠습니다. 2011년 서울시장 보궐선거 때 한겨레신문 마지막 조사에서 나경원 후보가 박원순 후보에 6%포인트 앞선 것으로 나왔어요. 조선일보는 박원순 후보가 3%포인트 앞섰고요. 결과는 신문사 성향과는 아무 상관없죠. 한겨레는 그때 아마 휴대전화 병행기법을 도입하지 않았을 겁니다. 그때 휴대전화 병행기업 도입 여부에 따라 박원순 후보의 승패가 달랐다는 거죠. 가장 정확한 게 중요한 거죠. 그리고 그렇게 함으로써 밴드왜건 효과가 있을 것이다. 우리가 높게 써주면 이 사람이 당선될 것이다. 한국에서는 밴드왜건 효과보다 언더도그 효과가 더 크다는 연구결과들이 많아요. 열세인 쪽에서 결집효과가 더 크다는 얘기죠. 밴드왜건 효과는 미국사람들처럼 우리나라보다 덜 정치화되고 정치에 대한 관심이 좀 약한 사람들이 친구 따라 강남 가는 그런 성향들이고, 우리나라 사람들은 절대 친구 따라 강남 안 갑니다. 여론조사의 신뢰도를 높이기 위해 따로 특별히 노력했다기보다 조사방식을 보완하는 데 초점을 맞추고 있습니다. 아까도 얘기했지만 전화번호부만 이용하던 것에서 이제는 RDD 기법을 활용합니다.

한귀영 : 신 위원께 질문이 있는데 중앙일보는 지난번 총선 때부터 직접 조사하고 있는데, 조사할 때 중앙일보라고 밝히나요?

신창운 : 중앙일보라는 타이틀이 응답자들의 응답에 영향을 주는지 몇 번 테스트를 해봤습니다. 가장 쉽게 할 수 있는 게 1,000명을 조사할 때 500명은 중앙일보라고 밝히고, 500명은 중앙일보를 빼고 다른 이름으로 해서 몇 차례 비교해본 적이 있는데, 0.5~1%포인트 정도 차이가

있더라고요. 그래서 아주 예민한 조사일 경우에는 신경을 쓰지만 그렇지 않을 경우에는 중앙일보 조사라고 먼저 밝힙니다.

신문 성향에 따라 조사결과 달라지지 않아

한귀영 : 제가 한겨레신문에 온 지 2년 정도밖에 안 돼서 그런데 10년 전쯤 한겨레신문에 자체 조사팀이 있었습니다. 그때는 '한겨레에서 하는 조사입니다'라고 표기하면 결과에 영향을 미쳤다고 합니다. 그래서 요즘은 조사할 때 언론사명을 안 쓰고 조사기관 이름을 씁니다. 홍영림 팀장 말대로 신문의 성향에 따라 조사결과가 달라지는 건 걱정하지 않아도 된다고 봅니다. 선거조사는 표준화돼 있어 조사방법의 문제가 크지 않습니다. 오히려 문제되는 경우는 선거조사보다 정치이슈 등에 관한 문항을 의도적으로 구성할 때라고 봅니다.

홍영림 : 우리도 고민을 많이 합니다. 후보 지지도를 1번으로 물어보는 것하고 다른 현안 이슈를 다 물어본 다음에 제일 마지막에 물어보는 것. 정당 지지도와 대통령 지지도도 마찬가지입니다. 특히 대통령 지지도의 경우 현안을 다 물어본 다음 맨 뒤에 물어보면 '야, 요즘 이렇게 현안이 참 복잡하고 많았지. 대통령 잘 못하네' 이렇게 대답이 나올 수도 있고, 맨 처음에 물어보면 자기가 생각나는 대로 대답이 나올 수도 있습니다. 문항순서라든지 이런 것의 영향을 최소화하기 위해서는 언론사 내부에 전문가가 없다면 조사회사에서 걸러줘야 됩니다. 또 언론사는 고객 입장에서 문항을 너무 복잡하게 만드는 것은 가능한 한 피해야 합니다. 무조건 심플하게 물어봐야 되는데 기사를 쓰려다 보니 자꾸 말을 만들게 됩니다. 또 기왕 조사하는 거 여러 가지를 한꺼번에 물어보자고 생각하는데 15문항에서 많아야 17, 18개 문항은 넘기지 말자고 제안합니다.

김균미 : 최근 개인정보 유출사건이 잇따르면서 개인정보에 대해 국민들이 매우 민감하게 반응하고 있습니다. 휴대전화번호를 새로 확보하기가 쉽지 않을 테고, 그러면 앞으로 여론조사를 하는 데도 애로사항이 적지 않을 것으로 예상되는데….

신창운 : 휴대전화 명부는 아까 말한 것처럼 기왕의 여론조사 때 확보해 놓은 것이 있지 않습니까? 또 요즘은 인터넷 사이트에 들어가면 질문에 대답하면 얼마씩 주겠다, 혹은 포인트를 주겠다는 식으로 휴대전화번호를 모으는 곳도 있습니다. 어떤 회사는 그런 식으로 해서 몇 백만 패널을 확보해 놓은 데가 있습니다. 휴대전화번호를 제공하고 그 회사 질문지에 대답할 때마다 가령 500원씩 누적돼 돈을 받을 수 있도록 함으로써 자발적으로 자기 정보를 제공한 사람들이 대부분이죠. 그런 사람들이 과연 유권자, 즉 부산지역 혹은 서울지역 유권자를 대표할 수 있는지 문제를 제기하지 않을 수 없습니다. 이들은 주로 10대와 여성이 많아요. 그런가 하면 한국갤럽 같은 회사들은 아까 80%라는 얘기가 있었지만 거의 100% 휴대전화 조사만으로 국민 여론을 수렴하고 있고, 이를 토대로 대통령 및 정당 지지율 조사를 계속하고 있습니다. 제가 한국갤럽 출신이어서 이런 얘기하기가 좀 그렇지만, 휴대전화 조사만으로 우리 국민을 대변할 수 있는 여론이 수렴될 수 있을지 개인적으로 의문을 가지고 있습니다. 한국갤럽은 2년 넘게 월요일부터 금요일까지 매일 250~300명가량 조사합니다. 그 결과 휴대전화번호 수십만 개를 확보한 거죠. 조사하면서 끝날 때 다음에 전화하면 답을 해주겠느냐 해서 승낙 받은 사람들 명단을 확보하고 있는 거죠. 그 사람들이 서울에도 있고 부산에도 있겠죠. 필요할 때마다 그 사람들한테 다시 전화하는 거죠. 지금 휴대전화번호 명단을 확보하고 있다는 회사들은 그런 식으로 확보해 놓은 명단을 재활용해서 조사하겠다는 거죠. 연초에 몇몇 메이저 조사기관 정치조사 본부장들한

테 확인한 겁니다.

김균미 : 개선안으로 넘어가기 전에 총선이나 대선과 달리 지방선거의 경우 여론조사는 어느 수준에서 실시하는 것이 바람하다고 보십니까? 나름대로 기준이 있나요?

홍영림 : 가장 중요한 기준은 독자의 궁극적 관심이라고 봅니다. 예를 들어 조선일보 독자가 지방의 기초단체장에 크게 관심이 있겠습니까? 해당지역에 거주하거나 연고가 있는 분들이야 관심이 있겠지만 전체적인 독자 기준에서 봤을 때는 결국 세종시까지 17개 광역단체장이 아닐까 싶네요. 그런데 17개도 사실 다 관심 있는 건 아니죠. 만약 영호남에서 무소속이 굉장히 강세를 보인다면 관심지역으로 하겠지요. 예전에 조선일보는 충북 같은 경우는 충북일보, 대전 같은 경우는 대전일보 등 16개 지역의 지방신문하고 비용을 분담해 가며 여론조사를 한 적이 있습니다. 지역신문은 자기 지역 결과만 크게 쓰고, 조선일보는 전국적인 걸 다 쓰는 식으로.

언론사 공동여론조사 여러 측면서 유용

신창운 : 전국 17개 광역단체장을 커버하면서 교육감 선거를 같이 물어볼 수 있습니다. 서울 같은 경우 구청장 선거를 서울시장 하면서 같이 하는 데 그렇게 되면 또 표본이 많이 늘어나야 되겠죠. 지난 2010년에는 서울 지역 구청장 이외에 수원시장, 성남시장 등 수도권 7~8군데 기초단체장 조사를 한 적이 있었죠. 그런데 대개는 홍 팀장 얘기처럼 광역단체장 중심으로 할 수밖에 없습니다. 중앙일보가 신년특집으로 16개 지역에서 6,800명을 대상으로 조사했는데 엄청난 돈이 들어가는 거죠. 경북과

경남 등 상대적으로 관심이 적은 지역을 빼고 수도권 3개, 호남, 충남, 부산 등 관심 있는 지역만 하고 서울시장은 여러 차례 해볼 수 있겠죠.

이번 지방선거 개선방안을 얘기할 때 말해야겠지만, 2010년 여론조사 대참패 이후 상당히 많이 바뀌었지만, 저는 샘플링하는 표본선정 문제가 여전히 발목을 잡고 있어 낙관하기가 상당히 힘들다고 봅니다. 그러니까 4년의 노력에도 불구하고 2010년의 실패를 반복할 가능성이 있다는 생각을 하고 있습니다. 지방언론하고 같이 하는 방법이 있는데 대선 같은 경우는 필요 없죠. 총선과 지방선거 같은 경우는 방송사와 마찬가지로 7~8개 또는 10개 신문사가 함께 해도 상관없다고 생각합니다. 지역을 나누든, 전체 지역을 함께 해서 각자 실력대로 쓰는 거죠. 똑같은 자료를 가지고 서울시장을 강조해 쓸 수도 있고 부산시장을 강조해 쓸 수도 있고, 또 그래픽을 다르게 한다든지 해서 얼마든지 차별화할 수 있기 때문에 언론사 공동여론조사는 여론조사의 퀄리티와 공정성을 높이고 돈도 싸게 먹힙니다. 언론사들이 경쟁심 내지 자존심만 버리면 할 수 있는 시도라고 생각합니다.

김균미 : 자연스럽게 개선방안으로 주제가 넘어갔는데 다른 분들은 신 위원이 말씀하신 언론사 공동조사방안에 대해 어떻게 생각하십니까?

한귀영 : 개인적인 생각이라는 것을 전제로, 저는 충분히 공감할 수 있는 부분이라 생각합니다. 지금은 신문사에서 막대한 돈을 들여서 보도하는 것이 기껏해야 지지도가 몇 %다, 이 정도거든요. 몇 줄을 위해 어마어마한 돈을 쓰는데 저는 거기에 대해 회의적인 생각을 많이 가지고 있습니다. 한겨레가 근래 몇 년 사이 차별화를 시도하는 부분이 이런 것들인데, 이를테면 선거조사가 양적인 지지도 조사만 있는 게 아니라 그 지역 민심의 흐름을 볼 수 있는 질적인 조사도 있는 거죠. 예를 들면 서울시장

선거의 경우 서울시장에 대해서, 박원순 후보에 대해서, 혹은 새누리당의 김황식, 정몽준 후보에 대해서, 공과에 대해서 질적인 조사들을 병행하는 게 지면을 훨씬 더 풍부하게 한다고 생각합니다.

홍영림 : 경마식 보도 하지 말라고 아무리 해도 독자들이 원하는 게 경마식인데 그걸 어떻게 안 하겠어요. 그건 대한민국만 그런 게 아니라 미국이, 전 세계가 다 마찬가지입니다. 그런데 한귀영 씨 얘기대로 딱 한 줄인데 그걸 위해서 몇 천만 원을 쓰고… 비용 대비 참 어려운 부분이기는 합니다. 조선일보에 와서 여론조사를 담당한 지 16~17년 되는데, 예전에 비해 조사에 투입할 수 있는 비용이 현저히 줄고 있습니다. 조선뿐만 아니라 전반적인 언론환경이, 신문환경 때문에 어쩔 수 없다고 봅니다. 그러니까 오히려 연대할 수 있는 조건이 지금 조성되고 있는 것 아닌가 싶기도 합니다. 지방신문협의회에서는 이미 그렇게 하잖아요. 앞으로는 공동조사도 가능한 방법 중 하나가 아닐까 싶습니다.

신창운 : 방송사의 경우 '어디가 더 정확했다' 그래서 '누가, 어느 회사가 시말서 썼다', '비용을 물어줬다' 이런 얘기를 하는데, 당일 출구조사는 누가 더 정확했느냐는 게 의미가 있습니다. 왜냐하면 많은 돈을 들여서 당일 선거하고 나온 사람들한테 조사했기 때문입니다. 그런데 저희가 D-7일, 선거가 6월 4일 같으면 5월 27일 실시한 조사를 갖고 정확성을 논해야 하는데, 사실 선거에서 7일이라는 게 얼마나 긴 시간입니까. 7일 동안 무슨 일이 있었는데 맞혔다는 게 오히려 이상할 수 있는 거죠. 비약인지 모르겠지만, D-7일 혹은 4개월 전에 한 조사도 마찬가지고. 이 조사는 누가, 어느 조사기관이 더 정확했다는 걸 논하는 조사가 아닌 거죠. 지금 부산시장 여론조사에서 오거돈 후보가 앞섰다는 조사가 있는데, 오 후보가 시장에 당선되면 그 조사기관이 정확했다, 언론사는 이렇

게 보려고 하는 거죠. 4개월 전에 맞혔다고. 그건 맞힌 게 아니거든요.

보세요. 우리가 지금 조사해서 박원순 시장이 40% 나왔다고 칩시다. 어떤 곳은 38%, 또 다른 곳은 42% 나왔는데 만약 박원순 시장이 42%로 당선됐다면 42%를 맞힌 곳만 정확했을까요. 그런 게 아닙니다. 40%는 ±3%포인트일 경우 37~43% 사이에 나온다는 결과를 발표한 겁니다. 42%는 박원순 시장의 득표율이 39~45% 사이로 나온다는 겁니다. 그럴 경우 42%가 나오면 40%라고 예측한 곳과 42%라고 예측한 곳 두 곳 모두 맞힌 거죠. 그렇다면 정확성을 논하는 것도 아니고 누가 더 잘 맞혔느냐 시합하는 것도 아닌데 같이 하지 않아야 될 이유가 없는 거죠. 왜냐하면 D-10일, D-7일의 분위기만 전달하면 되는 거죠. 물론 선거 하루 전날 조사해서 발표해도 된다면 상황이 다르겠죠. 지금은 D-7일, 아시겠지만 D-9일, D-10일에 조사해서 D-7일에 보도하는 거 아닙니까? 그러면 열흘 전 조사결과죠. 선거 열흘 전하고 선거 당일하고는 다를 수밖에 없습니다. 똑같다면 그날 여론조사로 당선자를 뽑으면 되죠. 그래서 저는 언론사 공동여론조사는 진짜 꼭 필요하다고 생각합니다.

김균미 : 그 밖에 다른 개선방안으로는 어떤 것들이 있습니까?

여론조사 공표 금지 철폐해야

홍영림 : 개선방안으로 여러 가지 있겠지만 아까도 말씀드렸지만 여론조사 공표 금지를 철폐해야 합니다. 그러면 여론조사 방법이 굉장히 달라질 겁니다. 방금 신 위원 말씀대로 선거 하루 전에도 일이 터져서 판세가 달라질 수 있습니다. 나경원 1억 원 피부숍이 정확하게 D-6일에 터졌어요.

신창운 : 지난 총선 때 노원구 김용민 후보의 발언도 D-7일에 터졌고요.

홍영림 : 그러니까 여론조사 공표 금지가 완전히 없어지거나 D-1일 정도로 규제가 완화된다면 각 언론사나 조사회사들이 지금보다는 훨씬 강도 높게 조사하게 만드는 유인이 되겠죠. 저는 조사의 정확성과 조사방법 개선을 위해서라도 여론조사 공표 금지는 없어져야 된다고 생각합니다.

김균미 : 공표 금지를 완전히 없애야 한다는 얘기인가요?

홍영림 : 아예 없애도 무슨 상관있겠어요. 우리나라 국민이 여론조사 결과를 그렇게 믿지도 않는데 그걸 규제한다는 건 난센스예요. 국민들한테 참고자료로 알려주는 서비스 차원에서 하는 겁니다. 그런데 공표 금지가 되다 보니 온갖 헛소문만 난무하는 것 아니겠어요.

한귀영 : 혼란을 가중시키는군요, 오히려.

신창운 : 개선방안에 한 가지 더한다면 최근 국회에서 통과된 여론조사공정심의위원회 얘기를 하고 싶습니다. 지금 메이저 언론사 일부만 자기들이 했던 조사결과를 공개하고 있는데 앞으로는 잘했냐 못했냐, 뭐 이걸 따지기 이전에 자기들이 어떻게 조사했는지, 응답률을 포함해서 자료를 공개해야 합니다. 자료공개 대상에 질문지도 당연히 들어가죠. 그런 내용들을 투명하게 공개하는 게 사실은 언론사의 객관성이나 공정성을 확보하는 첩경이라 생각합니다. 그래서 평소의 이슈뿐만 아니라 선거와 관련된 것은 심의위원회가 출범하면 조사결과를 발표하기 전에 이쪽에 먼저 올려야 발표할 수 있도록 법이 개정된 것으로 압니다(위원회는 3월 5일 출범).

김균미 : 이번 지방선거부터 적용이 된 건가요?

신창운 : 그렇죠.

홍영림 : 선관위 산하로 되어 있나요?

신창운 : 중앙선관위 산하죠. 중앙뿐 아니라 지역 선관위 밑에도 여론조사공정심의위원회가 구성되는 것으로 알고 있습니다.

김균미 : 미국은 뉴욕타임스나 워싱턴포스트 등의 경우 웹사이트에 여론조사 질문 내용과 답변을 전부 공개하고 있습니다. 과거 조사결과까지 비교해 가면서 볼 수 있습니다.

수치만 보도하지 말고 '왜'가 들어가야

한귀영 : 제도적인 부분에서 중요한 얘기를 다 하셔서 저는 내용적인 측면에서 몇 가지 얘기하겠습니다. 신 위원께서 지적하셨던 일주일 전 여론조사를 가지고 맞다 틀리다 얘기하는 것은 어렵다는 데 전적으로 공감합니다. 그러면 여론조사는 왜 하느냐는 근본적인 문제에 봉착하게 됩니다. 분위기만 보려고 한다면 독자들을 설득하기 어렵습니다. 결국 여론조사는 수치만 보도할 게 아니라 사실은 '왜'라고 하는 게 들어가야 합니다. 이런 수치들이 어떤 맥락에서 나왔는지 그리고 그런 것들을 자의적으로 해석해서 쓰는 게 아니라 설문이라는 구성 속에서, 여론조사 내에서 인과관계를 보여줄 수 있어야 한다고 봅니다. 이것은 연구자들이 늘 주요하게 지적하는 부분이고, 저는 이 부분이 힘들지만 여론조사가 가야 할 길이라고 생각합니다.

사실 그 같은 목적을 가장 잘 구현하고 있는 방법이 패널조사입니다. 패널조사의 경우 비용이 굉장히 많이 들기는 하지만 왜 사람들이 이탈했는지, 왜 계속 지지하고 있는지 등을 당시 이슈들과의 맞물림 속에서 답을 가늠해볼 수 있습니다. 사실 비용에 비해서 아직까지 효과는 크지 않지만 저는 왜라는 것을 보여주는 게 누구 몇 %, 누구 몇 % 식의 결과보다는 의미가 크다고 봅니다.

김균미 : 지방선거 여론조사는 세 분이 지적했듯 한계도 있지만 계속 실시할 수밖에 없는데, 마지막으로 여론조사가 순기능을 할 수 있도록 보완해야 할 점을 제시하는 것으로 방담을 마무리하겠습니다.

한귀영 : 앞서도 얘기했지만 지방선거에서 결국 힘들더라도 여론조사가 정도로 가기 위해서는 수치가 아니라 인과관계 중심으로 결과가 어떤 의미를 가지며 어떤 맥락에서 왜 그렇게 나왔는지에 대해서 찬찬히 들여다보면서 분석하고 해석하는 것이 나아가야 할 방향이라고 생각합니다.

홍영림 : 다들 마찬가지겠지만 대학과 대학원에서 조사방법론 통계를 공부하면서, 제가 이쪽에서 일하면서 여론조사가 온 나라의 관심을 끌수 있는 아이템이 될 거라고는 생각도 못 했습니다. 우리나라처럼 여론조사에 대한 정치적 활용도가 높은 나라도 많지 않습니다. 서구나 미국보다 민주주의 경험이 짧은 나라임에도 불구하고 여론조사가 모든 민주주의를 대변하는 양 약간은 착각 속에 정치권이 너무 매몰되어 있지 않나하는 생각이 들기도 합니다. 그렇다 보니 언론도 덩달아 거기에 재원과 노력, 관심을 과도하게 쏟아 붓고 국민들도 과도하게 주목하다 보니까 결과에 대한 해석도 과도해지는 등 지금의 악순환이 반복되고 있다고 봅니다. 그런 차원에서 점차 정치권이 여론조사에 대한 의존도를 낮춰가는 게 어떨까 싶습니다. 그러려면 언론 혼자 한다고 될 문제는 아니고, 정치권의 내부적인 개혁이 필요하지 않나 싶습니다.

신창운 : 여론조사 자체에 대해 저는 상당히 비관적인 생각을 많이 갖고 있습니다. 우선 여론조사에 대한 거품을 빼야 된다고 생각합니다. 여론조사 결과를 너무 믿지 말라고, 여론조사는 여론조사일 뿐입니다. 그렇다고 제가 여론조사의 정확성을 제고하지 말자는 건 아닙니다. 단지 여론조사를 과도하게 믿거나 의존하는 것은 문제라는 것입니다. 그리고 또 하나 얘기하고 싶은 건 책을 읽다 보니 "진실은 하나의 여론조사에 있는 게 아니라 여러 여론조사 사이에 있다"는 표현이 있더군요. 특정 조사기관에서 실시한 여론조사만 봐서는 제대로 된 진실, 정확한 팩트를 파악할 수 없습니다. 여론조사도 다른 실험과 마찬가지로 3~4개 여론조사를 같이 보면서 변화, 추이 등을 파악해야 합니다. 가령 당내 공천 같은 경우도 굳이 여론조사를 통해서 하겠다면 여러 조사기관의, 여러 번의 조사결과를 토대로 공천을 주는 식으로 해야 되지 않나 하는 생각이 듭니다.

김균미 : 장시간 감사합니다. 이번에는 4년 전, 8년 전보다 좋은 결과를 기대해 보겠습니다.

위기의 여론조사

초판1쇄 발행일 • 2014년 11월 10일

지은이 • 신창운
펴낸이 • 이재호
펴낸곳 • 리북
등 록 • 1995년 12월 21일 제13-663호
주 소 • 경기도 파주시 광인사길 68 2층(문발동)
전 화 • 031-955-6435
팩 스 • 031-955-6437
홈페이지 • www.leebook.com

정 가 • 15,000원

ISBN 978-89-97496-27-3